Mestre do Micro-ondas

Receitas Saborosas e Práticas em Minutos

Ana Silva

Tabela de conteúdo

Ensopado de Carne e Legumes 14
Ensopado de carne 15
Caldo de Carne e Legumes 16
Carne assada 17
Carne picada básica 18
torta de cottage 19
Torta Cottage com Queijo 19
Picado com Aveia 20
Pimenta 20
Carne picada ao curry 21
Ensopado de carne 22
Goulash de Carne com Batata Cozida 23
Feijão Manteiga e Ensopado de Carne com Tomate 23
Torta de Carne e Tomate 24
Espetos de carne e cogumelos 25
Cordeiro Recheado 27
Espetos de cordeiro com hortelã 28
Espetos de cordeiro clássicos 29
Cordeiro do Oriente Médio com Frutas 30
Simulado de ensopado irlandês 31
Costeletas de cordeiro da esposa do fazendeiro 33
Caçarola de cordeiro 34

Pão de cordeiro com hortelã e alecrim *35*
Bredie de cordeiro com tomate *36*
Cordeiro Biriani *37*
Biriani guarnecido *38*
Moussaká *39*
Moussaka com Batata *40*
moussaka rápida *41*
Cordeiro picado *42*
Pastel de carne *42*
Fígado Country com Vinho Tinto *43*
fígado e bacon *44*
Fígado e Bacon com Maçã *45*
Rins em Vinho Tinto com Brandy *46*
Filetes de Veado com Cogumelos Ostra e Queijo Azul *48*
Cozinhar massa pequena *49*
Salada Chinesa de Macarrão e Cogumelos com Nozes *49*
macarrão com pimenta *50*
Macarrão com Queijo Família *51*
Queijo Macarrão Clássico *52*
Macarrão com Queijo Stilton *53*
macarrão com queijo com bacon *53*
macarrão com queijo e tomate *54*
Espaguete Carbonara *54*
Pizza Estilo Macarrão com Queijo *55*
Creme de Espaguete com Cebolinha *57*
Esparguete à bolonhesa *57*
Espaguete com Molho Bolonhesa de Peru *59*

Espaguete com molho de ragu 60
espaguete com manteiga 61
Massas com Alho 62
Espaguete com Carne e Molho Misto de Legumes à Bolonhesa 63
Espaguete com Molho de Carne e Creme 64
Espaguete com Molho de Carne Marsala 64
Massa Marinara 65
Pasta Matriciana 66
Macarrão com Atum e Alcaparras 67
Massa Napoletana 68
Massa Pizzaiola 69
Macarrão com Ervilhas 69
Macarrão com Molho de Fígado de Frango 69
Macarrão com Anchovas 70
Ravióli com Molho 70
tortellini 71
lasanha 72
Pizza napolitana 73
Margarita Pizza 74
Pizza de frutos do mar 74
pizza siciliana 74
pizza de cogumelo 74
Pizza de Presunto e Abacaxi 75
Pizzas de calabresa 75
Amêndoas Laminadas com Manteiga 76
Amêndoas Roladas em Manteiga de Alho 76
Castanhas Secas 76

Secagem de Ervas 77
Pão ralado crocante 78
Hambúrgueres de nozes 79
Bolo de nozes 80
Trigo sarraceno 81
búlgaro 82
Búlgaro com Cebola Frita 83
Tabular 84
salada de sultão 85
cuscuz 86
Semolina 87
Nhoque à Romana 88
Nhoque de presunto 89
Querido 90
Polenta 91
polenta grelhada 92
polenta com pesto 92
Polenta com Tomate Seco ou Pasta de Azeitona 92
Quinoa 93
polenta romena 94
Arroz com curry 95
Caçarola de Queijo Cottage e Arroz 96
Risoto Italiano 97
Risoto de cogumelo 98
Arroz brasileiro 98
Arroz Espanhol 99
Pilaf Turco Simples 100

delicioso pilaf turco *101*
Arroz Tailandês com Capim Limão, Folhas de Limão e Coco *102*
Quiabo com repolho *104*
Repolho Roxo com Maçã *105*
Repolho roxo com vinho *107*
Repolho azedo norueguês *107*
Quiabo estufado à grega com tomate *108*
Legumes com tomate, cebola e manteiga de amendoim *109*
Creme de beterraba agridoce *110*
Beterraba com Laranja *111*
Aipo gratinado *112*
Aipo-rábano com molho holandês de laranja *113*
Pote de legumes para perder peso *114*
Pote de legumes com ovos para perder peso *114*
Ratatouille *115*
Pastinaga Caramelizada *116*
Pastinaga com manteiga e molho de miolo de ovo *117*
Brócolis com Queijo Supremo *118*
Guvetch *119*
Queijo De Aipo Com Bacon *120*
Queijo Alcachofra com Bacon *121*
Papas da Carélia *122*
Caçarola Gouda de Batata Holandesa com Tomate *123*
Batata Doce Fofa com Manteiga e Creme *124*
Batata Doce Maître d'Hôtel *125*
Batatas com creme *125*
Creme De Batata Com Salsa *126*

Creme De Batata Com Queijo *126*
Batatas húngaras com páprica *127*
Batatas Delfinas *128*
Batatas Sabóia *129*
Batatas Chateau *129*
Batatas com Molho de Manteiga de Amêndoa *130*
Tomate com mostarda e limão *131*
pepino estufado *132*
Pepino Refogado com Pernod *132*
Medula Espanhola *133*
Gratinado de Abobrinha e Tomate *134*
Abobrinha com Bagas de Zimbro *135*
Folhas chinesas com manteiga e Pernod *136*
Broto de feijão estilo chinês *137*
cenoura com laranja *138*
Chicória refogada *139*
Cenouras Refogadas com Limão *140*
Funcho com Xerez *141*
Alho-poró em Vinho com Presunto *142*
Alho-poró Estufado *143*
Aipo Estufado *144*
Pimentos Recheados com Carne *144*
Pimentos Recheados com Carne com Tomate *145*
Pimentão Recheado de Peru com Limão e Tomilho *145*
Cogumelos Creme Estilo Polonês *146*
Cogumelos com páprica *147*
Cogumelos ao curry *147*

Lentilha dhal 148
Dhal com cebola e tomate 150
madras vegetais 152
Caril Misto de Vegetais 154
Salada Gelada Mediterrânea 156
Salada gelatinosa grega 157
Salada gelatinosa russa 157
Salada de Couve-rábano com Maionese de Mostarda 158
Copos de beterraba, aipo e maçã 159
Copos Waldorf Simulados 160
Salada de Aipo com Alho, Maionese e Pistache 161
Salada Continental de Aipo 161
Salada de Aipo com Bacon 162
Salada de Alcachofra com Pimentão e Ovos em Molho Quente .. 163
Recheio de Sálvia e Cebola 164
Recheio de Aipo e Pesto 165
Recheio de alho-poró e tomate 166
recheio de bacon 166
Recheio de bacon e damasco 167
Recheado com cogumelos, limão e tomilho 168
Recheado com cogumelos e alho-poró 168
Recheio de Presunto e Abacaxi 169
Recheio de Cogumelos Asiáticos e Caju 170
Recheio de Presunto e Cenoura 171
Recheado com Presunto, Banana e Milho Doce 172
recheio italiano 172
Recheio Espanhol 173

Recheio de laranja e coentro *174*
Recheio de limão e coentro *174*
Recheio de laranja e damasco *175*
Recheio de maçã, passas e nozes *176*
Recheio de Maçã, Ameixa e Castanha do Pará *177*
Recheio de Maçã, Tâmara e Avelã *178*
Recheado com alho, alecrim e limão *178*
Recheado com alho, alecrim e limão com queijo parmesão *179*
Recheio de Frutos do Mar *180*
Recheado com Presunto de Parma *180*
recheio de salsicha *181*
Recheio de Carne de Salsicha e Fígado *181*
Recheio de Chouriço e Milho Doce *182*
Recheio de Chouriço e Laranja *182*
Castanhas Recheadas com Ovo *182*
Recheio de castanha e mirtilo *184*
Recheio Cremoso De Castanha *184*
Recheio Cremoso de Castanha e Salsicha *185*
Recheio Cremoso de Castanhas com Castanhas Inteiras *185*
Recheado com Castanhas com Salsa e Tomilho *186*
Recheio de Castanha com Gammão *187*
Recheio de Fígado de Frango *188*
Recheio de Fígado de Frango com Nozes e Laranja *189*
Recheio Triplo de Nozes *189*
Recheio de Batata e Fígado de Peru *190*
Arroz Recheado Com Ervas *191*
Arroz Espanhol Recheado Com Tomate *192*

Recheio de Arroz com Frutas 193
Recheio de Arroz do Extremo Oriente 194
Arroz Salgado Recheado Com Nozes 194
Crocantes De Chocolate 195
bolo do diabo 196
Bolo Moca 197
Bolo multicamadas 198
Bolo De Cereja Floresta Negra 198
Bolo De Laranja E Chocolate 199
Bolo De Camada De Creme De Chocolate 200
Bolo Mocha De Chocolate 201
Bolo De Laranja E Chocolate 202
Bolo Duplo De Chocolate 202
Bolo de chantilly e nozes 202
bolo de Natal 203
brownies americanos 204
Brownies de chocolate com nozes 205
Triângulos de aveia e caramelo 206
Triângulos de muesli 206
rainhas de chocolate 207
Queenies de chocolate em flocos 208
Bolo de farelo de café da manhã e abacaxi 209
Bolo De Biscoito Crocante De Chocolate Com Frutas 211
Mocha crocante e bolo de frutas 213
Bolo crocante de passas e rum frutado 213
Bolo crocante de uísque com frutas e laranja 213
Bolo crocante de chocolate branco com frutas 213

Cheesecake de damasco e framboesa de duas camadas 214
Cheesecake De Manteiga De Amendoim 216
Cheesecake de coalhada de limão 219
Torta de chocolate 219

Ensopado de Carne e Legumes

Para 4 pessoas

30 ml/2 colheres de sopa de manteiga ou margarina, na temperatura de cozimento
1 cebola grande ralada
3 cenouras em fatias finas
75g/3oz de cogumelos, cortados em fatias finas
450g/1lb de filé de lombo (ponta), cortado em cubos pequenos
1 cubo de caldo de carne
15 ml/1 colher de sopa de farinha simples (multiuso)
300 ml/½ pt/1 ¼ xícara de água quente ou caldo de carne
Pimenta preta moída na hora
5 ml/1 colher de chá de sal

Coloque a manteiga ou margarina em uma panela de 20cm/8 de diâmetro (forno holandês). Derreta no descongelamento por 45 segundos. Adicione os legumes e o bife e misture bem. Cozinhe, descoberto, em potência máxima por 3 minutos. Esfarele no cubo de caldo e adicione a farinha e a água quente ou caldo. Mova a mistura até a borda do prato formando um anel, deixando um pequeno buraco no centro. Polvilhe com pimenta. Cubra com filme plástico e corte duas vezes para permitir a saída do vapor. Cozinhe em Full por 9 minutos, virando o prato uma vez. Deixe descansar por 5 minutos, tempere com sal e sirva.

Ensopado de carne

Para 4 pessoas

450g/1lb de bife cozido magro, cortado em cubos pequenos
15 ml/1 colher de sopa de farinha simples (multiuso)
250 g de ensopado de vegetais congelados, não descongelados
300 ml/½ pt/1¼ xícara de água fervente
1 cubo de caldo de carne
pimenta moída na hora
2,5–5 ml/½–1 colher de chá de sal

Coloque o bife numa caçarola de 9/23cm de diâmetro (forno holandês), não muito funda. Polvilhe com a farinha e misture bem para revestir. Espalhe frouxamente em uma única camada. Pique os legumes e arrume-os em volta da carne. Cubra com filme plástico e corte duas vezes para permitir a saída do vapor. Cozinhe na potência máxima por 15 minutos, virando o prato quatro vezes. Despeje a água sobre a carne e esmigalhe-a no cubo de caldo. Tempere a gosto com pimenta e mexa bem. Cubra como antes e cozinhe em Full por 10 minutos, virando o prato três vezes. Deixe descansar por 5 minutos, mexa, tempere com sal e sirva.

Caldo de Carne e Legumes

Para 4 pessoas

450 g/1 libra de batatas
2 cenouras
1 cebola grande
450g/1lb de bife cozido magro, cortado em cubos pequenos
1 cubo de caldo de carne
150 ml/¼ pt/2/3 xícara de caldo quente de carne ou vegetais
30 ml/2 colheres de sopa de manteiga ou margarina

Corte as batatas, as cenouras e a cebola em rodelas transparentes muito finas. Separe as rodelas de cebola em rodelas. Unte bem um prato de 1,75 litros/3 litros/7½ xícara. Recheie com camadas alternadas de legumes e carne, começando e terminando com as batatas. Cubra com filme plástico e corte duas vezes para permitir a saída do vapor. Cozinhe em potência máxima por 15 minutos, virando o prato três vezes. Esmigalhe o cubo de caldo no caldo quente e mexa até dissolver. Despeje delicadamente pela lateral do prato para que escorra pela carne e pelos vegetais. Cubra com manteiga em flocos ou margarina. Cubra como antes e cozinhe em Full por 15 minutos, virando o prato três vezes. Deixe descansar por 5 minutos. Doure em uma grelha quente (grelha), se desejar.

Carne assada

Serve 4–5

Uma versão anglo-saxônica de um curry meio picante. Sirva com arroz basmati e sambals de iogurte natural (guarnições), pepino fatiado polvilhado com coentro fresco picado e chutney.

450 g de ensopado de carne magra, cortado em cubos pequenos
2 cebolas picadas
2 dentes de alho esmagados
15 ml/1 colher de sopa de óleo de girassol ou milho
30 ml/2 colheres de sopa de curry em pó quente
30 ml/2 colheres de sopa de purê de tomate (pasta)
15 ml/1 colher de sopa de farinha simples (multiuso)
4 vagens de cardamomo verde
15 ml/1 colher de sopa de garam masala
450 ml/¾ pt/2 xícaras de água quente
5 ml/1 colher de chá de sal

Coloque a carne em camada única em um prato fundo de 10/25cm de diâmetro. Cubra com um prato e cozinhe em fogo alto por 15 minutos, mexendo duas vezes. Enquanto isso, frite (refogue) a cebola e o alho convencionalmente no azeite em uma frigideira (frigideira) em fogo médio até dourar. Adicione o curry em pó, o purê de tomate, a farinha, as vagens de cardamomo e o garam masala e misture aos poucos na água quente. Cozinhe, mexendo, até a mistura ferver e engrossar. Retire o prato de carne do micro-ondas e acrescente o conteúdo da frigideira. Cubra com filme plástico e corte duas vezes para permitir a saída do vapor. Cozinhe em Full por 10 minutos, virando o prato duas vezes. Deixe descansar por 5 minutos antes de servir.

Carne picada básica

Para 4 pessoas

450 g/1 lb/4 xícaras de carne magra picada (moída)
1 cebola ralada
30 ml/2 colheres de sopa de farinha simples (multiuso)
450 ml/¾ pt/2 xícaras de água quente
1 cubo de caldo de carne
5 ml/1 colher de chá de sal

Coloque a carne num prato fundo de 20cm/8cm de diâmetro. Misture bem a cebola e a farinha com um garfo. Cozinhe, descoberto, em potência máxima por 5 minutos. Quebre a carne com um garfo. Adicione a água e esmigalhe no cubo de caldo. Mexa bem para misturar. Cubra com filme plástico e corte duas vezes para permitir a saída do vapor. Cozinhe na potência máxima por 15 minutos, virando o prato quatro vezes. Deixe descansar por 4 minutos. Adicione sal e mexa antes de servir.

torta de cottage

Para 4 pessoas

1 quantidade de Básico Picado
675 g/1½ lb de batatas recém cozidas
30 ml/2 colheres de sopa de manteiga ou margarina
60–90 ml/4–6 colheres de sopa de leite quente

Deixe esfriar o Basic Mince até aquecer e transfira para uma forma untada de 1 litro/1¾ pt/4¼ xícara de bolo. Bata as batatas com a manteiga ou margarina e leite suficiente para fazer um purê leve e fofo. Despeje sobre a mistura de carne ou espalhe delicadamente e amasse com um garfo. Reaqueça, descoberto, em Full por 3 minutos. Alternativamente, sele em uma grelha quente (grelha).

Torta Cottage com Queijo

Para 4 pessoas

Prepare como se fosse uma Torta Cottage, mas adicione 50–75 g/2–3 onças/½–¾ xícara de queijo Cheddar ralado às batatas depois de misturar com a manteiga e o leite quente.

Picado com Aveia

Para 4 pessoas

Prepare como Picadillo Básico, mas acrescente 1 cenoura ralada, com a cebola. Substitua a farinha por 25g/1oz/½ xícara de mingau de aveia. Cozinhe pela primeira vez por 7 minutos.

Pimenta

Serve 4–5

450 g/1 lb/4 xícaras de carne magra picada (moída)
1 cebola ralada
2 dentes de alho esmagados
5–20 ml/1–4 colher de chá de tempero quente
400g/14oz/1 lata grande de tomate picado
5 ml/1 colher de chá de molho inglês
400g/14oz/1 lata grande de feijão, escorrido
5 ml/1 colher de chá de sal
Batatas assadas ou arroz cozido, para servir

Coloque a carne numa caçarola de 9/23cm de diâmetro (forno holandês). Adicione a cebola e o alho com um garfo. Cozinhe, descoberto, em potência máxima por 5 minutos. Quebre a carne com um garfo. Adicione todos os ingredientes restantes, exceto o sal. Cubra com filme plástico e corte duas vezes para permitir a saída do vapor. Cozinhe em potência máxima por 15 minutos, virando o prato três vezes. Deixe descansar por 4 minutos. Tempere com sal antes de servir com batatas assadas ou arroz cozido.

Carne picada ao curry

Para 4 pessoas

2 cebolas raladas
2 dentes de alho esmagados
450 g/1 lb/4 xícaras de carne magra picada (moída)
15 ml/1 colher de sopa de farinha simples (multiuso)
5–10 ml/1–2 colheres de sopa de curry em pó suave
30 ml/2 colheres de sopa de chutney de frutas
60 ml/4 colheres de sopa de purê de tomate (pasta)
300 ml/½ pt/1¼ xícara de água fervente
1 cubo de caldo de carne
Sal e pimenta preta moída na hora

Esmague a cebola, o alho e a carne. Espalhe em uma caçarola de 20cm/8 de diâmetro (forno holandês). Forme um anel ao redor da borda do prato, deixando uma pequena abertura no centro. Cubra com um prato e cozinhe em fogo alto por 5 minutos. Quebre com um garfo. Adicione a farinha, o curry em pó, o chutney e o purê de tomate. Aos poucos, adicione a água e esmigalhe-a no cubo de caldo. Cubra com filme plástico e corte duas vezes para permitir a saída do vapor. Cozinhe em potência máxima por 15 minutos, virando o prato três vezes. Deixe descansar por 4 minutos. Tempere a gosto, mexa e sirva.

Ensopado de carne

Para 6

40 g/1½ onça/3 colheres de sopa de manteiga, margarina ou banha
675g/1½lb de bife refogado, cortado em cubos pequenos
2 cebolas grandes raladas
1 pimentão verde médio, sem sementes e picado finamente
2 dentes de alho esmagados
4 tomates, escaldados, sem pele e picados
45 ml/3 colheres de sopa de purê de tomate (pasta)
15 ml/1 colher de sopa de páprica
5 ml/1 colher de chá de sementes de cominho
5 ml/1 colher de chá de sal
300 ml/½ pt/1¼ xícara de água fervente
150 ml/¼ pt/2/3 xícara de creme de leite (laticínios azedos)

Coloque a gordura em um prato de 1,75 litros/3 pt/7½ xícara. Derreta, descoberto, em potência máxima por 1 minuto. Misture a carne, a cebola, o pimentão e o alho. Cubra com filme plástico e corte duas vezes para permitir a saída do vapor. Cozinhe na potência máxima por 15 minutos, virando o prato quatro vezes. Descubra e adicione os tomates, o purê de tomate, a páprica e as sementes de cominho. Cubra como antes e cozinhe em Full por 15 minutos, virando o prato quatro vezes. Tempere com sal e misture delicadamente com a água fervente. Sirva em pratos fundos e cubra generosamente cada um com o creme.

Goulash de Carne com Batata Cozida

Para 6

Prepare como o goulash de carne, mas omita o creme e acrescente 2 ou 3 batatas inteiras cozidas em cada porção.

Feijão Manteiga e Ensopado de Carne com Tomate

Para 6

425g/15oz/1 lata grande de feijão branco
275 g/10 onças/1 lata de sopa de tomate
30 ml/2 colheres de sopa de cebola seca
6 fatias de bife refogado, cerca de 125g cada, batido
Sal e pimenta preta moída na hora

Combine o feijão, a sopa e a cebola em uma panela de 20cm/8" de diâmetro (forno holandês). Cubra com um prato e cozinhe em fogo alto por 6 minutos, mexendo três vezes. Coloque os bifes na borda do prato. Cubra com filme plástico e corte duas vezes para permitir a saída do vapor. Cozinhe na potência máxima por 17 minutos, virando o prato três vezes. Deixe descansar por 5 minutos. Descubra e tempere a gosto antes de servir.

Torta de Carne e Tomate

Serve 2–3 porções

275 g/10 onças/2½ xícaras de carne picada (moída)
30 ml/2 colheres de sopa de farinha simples (multiuso)
1 ovo
5 ml/1 colher de chá de cebola em pó
150 ml/¼ pt/2/3 xícara de suco de tomate
5 ml/1 colher de chá de molho de soja
5 ml/1 colher de chá de orégano seco
Macarrão cozido, para servir

Unte bem uma forma oval de 900 ml/1½ pt/3¾ xícara de bolo. Misture a carne com todos os restantes ingredientes e espalhe-os delicadamente no prato. Cubra com filme plástico e corte duas vezes para permitir a saída do vapor. Cozinhe em Full por 7 minutos, virando o prato duas vezes. Deixe descansar por 5 minutos. Corte em duas ou três porções e sirva quente com o macarrão.

Espetos de carne e cogumelos

Para 4 pessoas

24 folhas de louro frescas ou secas
½ pimentão vermelho cortado em quadradinhos pequenos
½ pimentão verde cortado em quadradinhos pequenos
750 g de bife grelhado (assado), aparado e cortado em cubos de 2,5 cm
175g/6oz de cogumelos
50 g/2 onças/¼ xícara de manteiga ou margarina, na temperatura de cozimento
5 ml/1 colher de chá de páprica
5 ml/1 colher de chá de molho inglês
1 dente de alho esmagado
175 g/6 onças/1½ xícara de arroz cozido

Se usar folhas de louro secas, coloque-as em um prato pequeno, adicione 90ml/6 colheres de sopa de água e cubra com um pires. Aqueça no máximo por 2 minutos para amolecer. Coloque os quadrados de pimenta num prato e cubra com água. Cubra com um prato e aqueça em potência máxima por 1 minuto para amolecer. Escorra os pimentões e as folhas de louro. Enfie a carne, os cogumelos, os pimentos e as folhas de louro em doze espetos de madeira de 10 cm. Disponha os kebabs como se fossem raios de uma roda num prato fundo de 25cm/10 de diâmetro. Coloque a manteiga ou margarina, a páprica, o molho inglês e o alho em um prato pequeno e leve ao fogo, descoberto, em potência alta por 1 minuto. Pincele os kebabs. Cozinhe, descoberto, em potência máxima por 8 minutos, virando o prato quatro vezes. Vire os kebabs com cuidado e pincele com o restante da mistura de manteiga. Cozinhe em Full por mais 4 minutos, virando o prato duas vezes. Disponha sobre uma cama de arroz e cubra com o suco do prato. Permita três kebabs por pessoa.

Cordeiro Recheado

Para 4 pessoas

Uma abordagem ligeiramente do Oriente Médio aqui. Sirva o cordeiro com pão pita quente e uma salada verde temperada com azeitonas e alcaparras.

4 pedaços de pescoço de cordeiro com cerca de 15 cm de comprimento e 675 g cada
3 fatias grandes de pão branco crocante, em cubos
1 cebola cortada em 6 fatias
45 ml/3 colheres de sopa de pinhões torrados
30 ml/2 colheres de sopa de groselha
2,5 ml/½ colher de chá de sal
150g/5oz/2/3 xícara de iogurte grego simples grosso
canela moida
8 cogumelos
15 ml/1 colher de sopa de azeite

Corte a gordura do cordeiro. Faça um corte longitudinal em cada pedaço, tomando cuidado para não cortar a carne. Moa os cubos de pão e os pedaços de cebola no processador de alimentos ou no liquidificador. Raspe para uma tigela e misture os pinhões, as groselhas e o sal. Espalhe quantidades iguais nos pedaços de cordeiro e prenda com palitos de madeira (palitos de dente). Disponha em um quadrado em um prato fundo de 25 cm/10 de diâmetro. Espalhe por todo o iogurte e polvilhe levemente com canela. Pique aleatoriamente os cogumelos e cubra com uma fina camada de óleo. Cubra com filme plástico e corte duas vezes para permitir a saída do vapor. Cozinhe em potência máxima por 16 minutos, virando o prato quatro vezes. Deixe descanse por 5 minutos e sirva em seguida.

Espetos de cordeiro com hortelã

Para 6

900g/2lb de pescoço de filé de cordeiro, aparado
12 folhas grandes de hortelã
60 ml/4 colheres de sopa de iogurte natural espesso
60 ml/4 colheres de sopa de molho de tomate (ketchup)
1 dente de alho esmagado
5 ml/1 colher de chá de molho inglês
6 pães pita, quentes
Folhas de alface, rodelas de tomate e pepino

Corte a carne em cubos de 2,5cm/1. Passe em seis espetos de madeira alternadamente com as folhas de hortelã. Disponha como os raios de uma roda em uma placa funda de 25 cm/10 de diâmetro. Misture bem o iogurte, o ketchup, o alho e o molho inglês e pincele metade da mistura sobre os kebabs. Cozinhe, descoberto, em potência máxima por 8 minutos, virando o prato duas vezes. Vire os kebabs e pincele com o restante do alinhavo. Cozinhe em Full por mais 8 minutos, girando o prato duas vezes. Deixe descansar por 5 minutos. Aqueça os pães pita brevemente na grelha até ficarem inchados e, em seguida, corte ao longo da borda longa para fazer um bolso. Retire a carne dos espetos e descarte as folhas de louro. Coloque o cordeiro nas pitas e adicione uma boa porção de salada a cada uma.

Espetos de cordeiro clássicos

Para 6

900g/2lb de pescoço de filé de cordeiro, aparado
12 folhas grandes de hortelã
30 ml/2 colheres de sopa de manteiga ou margarina
5 ml/1 colher de chá de sal de alho
5 ml/1 colher de chá de molho inglês
5 ml/1 colher de chá de molho de soja
2,5 ml/½ colher de chá de páprica
6 pães pita, quentes
Folhas de alface, rodelas de tomate e pepino

Corte a carne em cubos de 2,5cm/1. Passe em seis espetos de madeira alternadamente com as folhas de hortelã. Disponha como os raios de uma roda em uma placa funda de 25 cm/10 de diâmetro. Derreta a manteiga ou margarina em fogo alto por 1 minuto, depois adicione o sal de alho, o molho inglês, o molho de soja e a páprica e misture bem. Pincele metade da mistura sobre os kebabs. Cozinhe, descoberto, em potência máxima por 8 minutos, virando o prato duas vezes. Vire os kebabs e pincele com o restante do alinhavo. Cozinhe em Full por mais 8 minutos, girando o prato duas vezes. Deixe descansar por 5 minutos. Aqueça os pães pita brevemente na grelha até ficarem inchados e, em seguida, corte ao longo da borda longa para fazer um bolso. Retire a carne dos espetos e descarte as folhas de louro. Coloque o cordeiro nas pitas e adicione uma boa porção de salada a cada uma.

Cordeiro do Oriente Médio com Frutas

Serve 4–6

Este prato de cordeiro delicadamente condimentado e frutado é uma elegância discreta, realçada por sua camada de pinhões torrados e amêndoas em flocos. Sirva com iogurte e arroz amanteigado.

675g/1½lb de cordeiro desossado, o mais magro possível
5 ml/1 colher de chá de canela em pó
2,5 ml/½ colher de chá de cravo moído
30 ml/2 colheres de sopa de açúcar mascavo claro e macio
1 cebola picada
30 ml/2 colheres de sopa de suco de limão
10 ml/2 colheres de chá de farinha de milho (amido de milho)
15 ml/1 colher de sopa de água fria
7,5–10 ml/1½–2 colheres de chá de sal
14 onças/400 g/1 lata grande de pêssegos fatiados em suco natural ou de maçã, escorrido
30 ml/2 colheres de sopa de pinhões torrados
30 ml/2 colheres de sopa de amêndoas em flocos (fatiadas)

Corte o cordeiro em cubos pequenos. Coloque em uma panela de 1,75 litros/3 pt/7½ xícara (forno holandês). Misture os temperos, o açúcar, a cebola e o suco de limão e acrescente ao prato. Cubra com um prato e cozinhe em fogo alto por 5 minutos e depois deixe descansar por 5 minutos. Repita três vezes, mexendo bem a cada vez. Misture farinha de milho e água para fazer uma pasta lisa. Escorra o líquido do cordeiro e adicione a mistura de fubá e sal. Despeje sobre o cordeiro e mexa bem para misturar. Cozinhe, descoberto, em potência máxima por 2 minutos. Adicione as fatias de pêssego e cozinhe, descoberto, em potência máxima por mais 1 minuto e meio. Polvilhe com os pinhões e as amêndoas e sirva.

Simulado de ensopado irlandês

Para 4 pessoas

675g/1½lb de cordeiro cozido em cubos
2 cebolas grandes, raladas grosseiramente
450g/1lb de batatas, picadas finamente
300 ml/½ pt/1¼ xícara de água fervente
5 ml/1 colher de chá de sal
45 ml/3 colheres de sopa de salsa picada

Apare qualquer excesso de gordura do cordeiro. Coloque a carne e os legumes numa única camada num prato fundo de 10/25cm de diâmetro. Cubra com filme plástico e corte duas vezes para permitir a saída do vapor. Cozinhe em Full por 15 minutos, virando o prato duas vezes. Misture a água e o sal e regue com a carne e os legumes, mexendo bem para incorporar. Cubra como antes e cozinhe em Full por 20 minutos, virando o prato três vezes. Deixe descansar por 10 minutos. Descubra e polvilhe com salsa antes de servir.

Costeletas de cordeiro da esposa do fazendeiro

Para 4 pessoas

3 batatas cozidas frias, cortadas em fatias finas
3 cenouras cozidas frias, cortadas em fatias finas
4 costeletas de cordeiro magras, 150 g cada
1 cebola pequena ralada
1 maçã cozida (azeda), descascada e ralada
30 ml/2 colheres de sopa de suco de maçã
Sal e pimenta preta moída na hora
15 ml/1 colher de sopa de manteiga ou margarina

Disponha as rodelas de batata e cenoura numa única camada no fundo de um prato fundo de 20cm/8cm de diâmetro. Disponha as costeletas por cima. Polvilhe com a cebola e a maçã e regue com o sumo. Tempere a gosto e polvilhe com manteiga em flocos ou margarina. Cubra com filme plástico e corte duas vezes para permitir a saída do vapor. Cozinhe em Full por 15 minutos, virando o prato duas vezes. Deixe descansar por 5 minutos antes de servir.

Caçarola de cordeiro

Para 4 pessoas

675g/1½lb de batatas, em fatias muito finas
2 cebolas em fatias bem finas
3 cenouras em fatias bem finas
2 talos grandes de aipo, cortados diagonalmente em tiras finas
8 melhores costeletas de cordeiro com pescoço, cerca de 1kg / 2lb no total
1 cubo de caldo de carne
300 ml/½ pt/1¼ xícara de água fervente
5 ml/1 colher de chá de sal
25 ml/1½ colher de sopa de manteiga ou margarina derretida

Coloque metade dos vegetais preparados em uma caçarola levemente untada de 2,25 litros/4 pt/10 xícaras (forno holandês). Coloque as costeletas por cima e cubra com os legumes restantes. Cubra com filme plástico e corte duas vezes para permitir a saída do vapor. Cozinhe em potência máxima por 15 minutos, virando o prato três vezes. Retire do microondas e descubra. Esmigalhe o cubo de caldo na água e adicione o sal. Despeje delicadamente na lateral da panela. Despeje manteiga ou margarina por cima. Cubra como antes e cozinhe em Full por 15 minutos. Deixe descansar por 6 minutos antes de servir.

Pão de cordeiro com hortelã e alecrim

Para 4 pessoas

450 g/1 lb/4 xícaras de cordeiro picado (moído)
1 dente de alho esmagado
2,5 ml/½ colher de chá de alecrim seco esfarelado
2,5 ml/½ colher de chá de hortelã seca
30 ml/2 colheres de sopa de farinha simples (multiuso)
2 ovos grandes, batidos
2,5 ml/½ colher de chá de sal
5 ml/1 colher de chá de molho marrom
Noz-moscada

Unte levemente uma forma oval de bolo de 900 ml/1½ pt/3¾ xícara. Misture todos os ingredientes exceto a noz-moscada e espalhe delicadamente no prato. Cubra com filme plástico e corte duas vezes para permitir a saída do vapor. Cozinhe em Full por 8 minutos, virando o prato duas vezes. Deixe descansar por 4 minutos, descubra e polvilhe com noz-moscada. Corte em porções para servir.

Bredie de cordeiro com tomate

Para 6

Prepare-se como o Frango com Tomate Bredie, mas substitua o frango por cordeiro desossado e picado grosseiramente.

Cordeiro Biriani

Serve 4–6

5 vagens de cardamomo
30 ml/2 colheres de sopa de óleo de girassol
450g/1lb de pescoço de cordeiro aparado, cortado em cubos pequenos
2 dentes de alho esmagados
20 ml/4 colheres de chá de garam masala
225 g/8 onças/1¼ xícara de arroz de grão longo fácil de cozinhar
600 ml/1 pt/2½ xícaras de caldo de galinha quente
10 ml/2 colheres de chá de sal
125 g/4 onças/1 xícara de amêndoas em flocos (fatiadas), torradas

Divida as vagens de cardamomo para remover as sementes e, em seguida, esmague-as com um pilão. Aqueça o óleo em uma panela de 1,5 litros/3 pt/7½ xícara (forno holandês) em fogo alto por 1½ minutos. Adicione o cordeiro, o alho, as sementes de cardamomo e o garam masala. Misture bem e coloque na borda do prato, deixando um pequeno buraco no centro. Cubra com filme plástico e corte duas vezes para permitir a saída do vapor. Cozinhe em Full por 10 minutos. Descubra e misture com o arroz, o caldo e o sal. Cubra como antes e cozinhe em Full por 15 minutos. Deixe descansar por 3 minutos, depois coloque em pratos quentes e polvilhe cada porção com as amêndoas.

Biriani guarnecido

Serve 4–6

Prepare como o biriani de carneiro, mas coloque o biriani em um prato quente e decore com ovos cozidos picados (cozidos), rodelas de tomate, folhas de coentro e cebola frita picada (refogada).

Moussaká

Serve de 6 a 8 porções

É preciso um pouco de paciência para preparar este clássico grego de múltiplas camadas à base de cordeiro, mas os resultados valem o esforço. Fatias de berinjela escalfada tornam-na menos rica e mais fácil de digerir do que algumas versões.

Para as camadas de berinjela:
675 g/1½ lb de berinjela
75 ml/5 colheres de sopa de água quente
5 ml/1 colher de chá de sal
15 ml/1 colher de sopa de suco de limão fresco

Para as camadas de carne:
40 g/1½ onças/3 colheres de sopa de manteiga, margarina ou azeite
2 cebolas picadas finamente
1 dente de alho esmagado
350 g/12 onças/3 xícaras de cordeiro picado cozido a frio (moído)
125g/4oz/2 xícaras de pão ralado branco fresco
Sal e pimenta preta moída na hora
4 tomates, escaldados, sem pele e fatiados

Para o molho:
425 ml/¾ pt/escasso 2 xícaras de leite integral
40 g/1½ onça/3 colheres de sopa de manteiga ou margarina
45 ml/3 colheres de sopa de farinha simples (multiuso)

3 onças/75 g/¾ xícara de queijo Cheddar ralado

1 gema de ovo

Moussaka com Batata

Serve de 6 a 8 porções

Prepare como a moussaka, mas substitua a berinjela por batatas cozidas fatiadas.

moussaka rápida

Serve 3–4 porções

Uma alternativa rápida com sabor e textura aceitáveis.

1 berinjela (berinjela), cerca de 225 g/8 onças
15 ml/1 colher de sopa de água fria
300 ml/½ pt/1¼ xícara de leite frio
300 ml/½ litro/1¼ xícara de água
1 pacote de purê de batata instantâneo, porção 4
225 g/8 onças/2 xícaras de cordeiro picado cozido a frio (moído)
5 ml/1 colher de chá de manjerona seca
5 ml/1 colher de chá de sal
2 dentes de alho esmagados
3 tomates, escaldados, sem pele e fatiados
150 ml/¼ pt/2/3 xícara de iogurte grego puro e espesso
1 ovo
Sal e pimenta preta moída na hora
50g/2oz/½ xícara de queijo Cheddar ralado

Cubra e rale a berinjela e corte-a ao meio no sentido do comprimento. Coloque em um prato raso, corte os lados para cima e borrife com água fria. Cubra com filme plástico e corte duas vezes para permitir a saída do vapor. Cozinhe em potência máxima por 5½–6 minutos até ficar macio. Deixe descansar por 2 minutos e depois escorra. Despeje o leite e a água em uma tigela e adicione a batata seca. Cubra com um prato e cozinhe em fogo alto por 6 minutos. Mexa bem e depois misture o cordeiro, a manjerona, o sal e o alho. Corte a berinjela sem descascar. Disponha camadas alternadas de fatias de berinjela e mistura de batata em uma caçarola untada de 2,25 litros / 4 pt / 10 xícaras (forno holandês), usando metade das fatias de tomate para formar um "recheio de sanduíche" no centro. Cubra com as fatias de tomate restantes. Bata o iogurte e o ovo e tempere a gosto. Despeje sobre os tomates e polvilhe com o queijo. Cubra com filme plástico como antes. Cozinhe em Full por 7 minutos. Descubra e doure em uma grelha quente antes de servir.

Cordeiro picado

Para 4 pessoas

Prepare-se como a carne moída básica, mas substitua a carne moída por cordeiro moído.

Pastel de carne

Para 4 pessoas

Prepare como a carne picada básica, mas substitua a carne moída pela carne moída de cordeiro. Deixe esfriar até aquecer e depois transfira para uma forma untada de 1 litro/1¾ pt/4½ xícara de bolo. Cubra com 750g/1½lb de purê de batata quente com 15–30ml/1–2 colheres de sopa de manteiga ou margarina e 60ml/4 colheres de sopa de leite quente. Tempere bem com sal e pimenta preta moída na hora. Espalhe sobre a mistura de carne e amasse com um garfo. Reaqueça, descoberto, em potência máxima por 2 a 3 minutos ou sele em uma grelha quente (grelha).

Fígado Country com Vinho Tinto

Para 4 pessoas

25 g/1 onça/2 colheres de sopa de manteiga ou margarina
2 cebolas raladas
450g/1lb de fígado de cordeiro, cortado em tiras finas
15 ml/1 colher de sopa de farinha simples (multiuso)
300 ml/½ pt/1¼ xícara de vinho tinto
15 ml / 1 colher de sopa de açúcar mascavo escuro e macio
1 cubo de caldo de carne esfarelado
30 ml/2 colheres de sopa de salsa picada
Sal e pimenta preta moída na hora
Batatas cozidas com manteiga e repolho picado levemente cozido, para servir

Coloque a manteiga ou margarina em um prato fundo de 25 cm de diâmetro. Derreta, descoberto, e descongele por 2 minutos. Adicione cebola e fígado. Cubra com um prato e cozinhe em fogo alto por 5 minutos. Misture todos os ingredientes restantes, exceto sal e pimenta. Cubra com um prato e cozinhe em fogo alto por 6 minutos, mexendo duas vezes. Deixe descansar por 3 minutos. Tempere a gosto e sirva com batatas cozidas com manteiga e repolho.

fígado e bacon

Serve 4–6

2 cebolas raladas
8 fatias de bacon (fatiadas), picadas grosseiramente
450g/1lb de fígado de cordeiro, cortado em cubos pequenos
45 ml/3 colheres de sopa de farinha de milho (amido de milho)
60 ml/4 colheres de sopa de água fria
150 ml/¼ pt/2/3 xícara de água fervente
Sal e pimenta preta moída na hora

Coloque as cebolas e o bacon em uma panela de 1,75 litros/3 pt/7½ xícara (forno holandês). Cozinhe, descoberto, em potência máxima por 7 minutos, mexendo duas vezes. Misture no fígado. Cubra com um prato e cozinhe em fogo alto por 8 minutos, mexendo três vezes. Misture a farinha de milho com água fria para fazer uma pasta lisa. Adicione o fígado e a cebola e, aos poucos, misture na água fervente. Cubra com um prato e cozinhe em fogo alto por 6 minutos, mexendo três vezes. Deixe descansar por 4 minutos. Tempere a gosto e sirva.

Fígado e Bacon com Maçã

Serve 4–6

Prepare como o fígado e o bacon, mas substitua uma das cebolas por 1 maçã (sobremesa), descascada e ralada. Substitua metade da água fervente por suco de maçã em temperatura ambiente.

Rins em Vinho Tinto com Brandy

Para 4 pessoas

6 rins de cordeiro
30 ml/2 colheres de sopa de manteiga ou margarina
1 cebola picada
30 ml/2 colheres de sopa de farinha simples (multiuso)
150 ml/¼ pt/2/3 xícara de vinho tinto seco
2 cubos de caldo de carne
50g/2oz de cogumelos, fatiados
10 ml/2 colheres de chá de purê de tomate (pasta)
2,5 ml/½ colher de chá de páprica
2,5 ml/½ colher de chá de mostarda em pó
30 ml/2 colheres de sopa de salsa picada
30 ml/2 colheres de sopa de conhaque

Descasque e corte os rins ao meio, depois corte e descarte os corações com uma faca afiada. Corte muito finamente. Derreta metade da manteiga, descoberta, e descongele por 1 minuto. Adicione os rins e reserve. Coloque o restante da manteiga e da cebola em uma tigela de 1,5 litros/2½ pt/6 xícaras. Cozinhe, descoberto, em potência máxima por 2 minutos, mexendo uma vez. Misture a farinha e depois o vinho. Cozinhe, descoberto, em potência máxima por 3 minutos, mexendo vigorosamente a cada minuto. Esfarele os cubos de caldo e junte os cogumelos, o purê de tomate, o colorau, a mostarda e os rins com a manteiga ou margarina. Misture bem. Cubra com filme plástico e corte duas vezes para permitir a saída do vapor. Cozinhe em potência máxima por 5 minutos, virando o prato uma vez. Deixe descansar por 3 minutos, depois descubra e polvilhe com salsa. Aqueça o conhaque em uma caneca em Full por 10 a 15 segundos. Despeje sobre a mistura de rins e leve. Sirva quando as chamas diminuírem.

Filetes de Veado com Cogumelos Ostra e Queijo Azul

Para 4 pessoas

Sal e pimenta preta moída na hora
8 pequenos bifes de veado
5 ml/1 colher de chá de bagas de zimbro esmagadas
5 ml/1 colher de chá de ervas provençais
30 ml/2 colheres de sopa de azeite
300 ml/½ pt/1 ¼ xícara de vinho tinto seco
60 ml/4 colheres de sopa de caldo de carne rico
60 ml/4 colheres de sopa de gim
1 cebola picada
225g/8oz de cogumelos ostra, aparados e fatiados
250 ml/8 fl oz/1 xícara de creme simples (light)
30 ml/2 colheres de sopa de geleia de groselha (conserva transparente)
60 ml/4 colheres de sopa de queijo azul esfarelado
30 ml/2 colheres de sopa de salsa picada

Tempere a carne de veado a gosto e depois acrescente as bagas de zimbro e as ervas da Provença. Aqueça o óleo em uma frigideira em potência alta por 2 minutos. Adicione os bifes e cozinhe, descoberto, em potência máxima por 3 minutos, virando uma vez. Adicione o vinho, o caldo, o gin, a cebola, os cogumelos, as natas e a geléia de groselha. Cubra com filme plástico e corte duas vezes para permitir a saída do vapor. Cozinhe em fogo médio por 25 minutos, virando o prato quatro vezes. Misture o queijo. Cubra com um prato refratário e cozinhe em fogo alto por 2 minutos. Deixe descansar por 3 minutos, descubra e sirva decorado com salsa.

.

Cozinhar massa pequena

Siga as instruções para cozinhar massas grandes, mas cozinhe apenas por 4 a 5 minutos. Cubra e deixe descansar por 3 minutos, depois escorra e sirva.

Salada Chinesa de Macarrão e Cogumelos com Nozes

Para 6

30 ml/2 colheres de sopa de óleo de gergelim
175g/6oz de cogumelos, fatiados
250g/9oz de fio dental de macarrão de ovo
7,5 ml/1½ colher de chá de sal
75 g/3 onças/¾ xícara de nozes picadas
5 cebolinhas (cebolinha), picadas
30 ml/2 colheres de sopa de molho de soja

Aqueça o óleo, descoberto, e descongele por 2 minutos e meio. Adicione os cogumelos. Cubra com um prato e cozinhe em fogo alto por 3 minutos, mexendo duas vezes. Deixou de lado. Coloque o macarrão em uma tigela grande e adicione água fervente o suficiente para ficar 5 cm acima do nível do macarrão. Adicione sal. Cozinhe, descoberto, em potência máxima por 4–5 minutos até que o macarrão esteja estufado e macio. Escorra e deixe esfriar. Misture os ingredientes restantes, incluindo os cogumelos, e mexa bem para incorporar.

macarrão com pimenta

Serve 2 porções

300 ml/½ pt/1¼ xícara de suco de tomate
125 g/4 onças/1 xícara de macarrão de cotovelo
5 ml/1 colher de chá de sal
30 ml/2 colheres de sopa de vinho branco, aquecido
1 pimentão vermelho ou verde pequeno, sem sementes e picado
45 ml/3 colheres de sopa de azeite
3 onças/75 g/¾ xícara de queijo Gruyère (suíço) ou Emmental ralado
30 ml/2 colheres de sopa de salsa picada

Despeje o suco de tomate em um prato de 1,25 litros/2¼ pt/5½ xícara. Cubra com um prato e aqueça em potência máxima por 3½–4 minutos até ficar bem quente e borbulhante. Adicione todos os ingredientes restantes, exceto o queijo e a salsa. Cubra como antes e cozinhe em Full por 10 minutos, mexendo duas vezes. Deixe descansar por 5 minutos. Polvilhe com queijo e salsa. Reaqueça, descoberto, em potência máxima por cerca de 1 minuto até que o queijo derreta.

Macarrão com Queijo Família

Serve 6–7

Para maior comodidade, esta receita é uma grande refeição em família, mas as sobras podem ser reaquecidas em porções no micro-ondas.

350g/12oz/3 xícaras de macarrão de cotovelo
10 ml/2 colheres de chá de sal
30 ml/2 colheres de sopa de farinha de milho (amido de milho)
600 ml/1 pt/2½ xícaras de leite frio
1 ovo batido
10 ml/2 colheres de chá de mostarda cozida
Pimenta preta moída na hora
275 g/10 onças/2½ xícaras de queijo Cheddar ralado

Coloque o macarrão em um prato fundo. Adicione o sal e água fervente o suficiente para ficar 5 cm acima do nível da massa. Cozinhe, descoberto, em potência máxima por cerca de 10 minutos até ficar macio, mexendo três vezes. Escorra se necessário e deixe descansar enquanto prepara o molho. Em uma tigela grande separada, misture delicadamente a farinha de milho com um pouco de leite frio e acrescente o restante. Cozinhe, descoberto, em potência máxima por 6–7 minutos até engrossar suavemente, mexendo a cada minuto. Misture o ovo, a mostarda e a pimenta, seguido de dois terços do queijo e todo o macarrão. Misture bem com um garfo. Espalhe uniformemente em um prato untado de 30 cm de diâmetro. Polvilhe o queijo restante por cima. Reaqueça, descoberto, em potência máxima por 4–5 minutos. Se desejar, sele rapidamente em uma grelha quente (grelha) antes de servir.

Queijo Macarrão Clássico

Serve 4–5

Esta versão é um pouco mais rica que o Family Macaroni Cheese e se presta a diversas variações.

8 onças/225 g/2 xícaras de macarrão de cotovelo
7,5 ml/1½ colher de chá de sal
30 ml/2 colheres de sopa de manteiga ou margarina
30 ml/2 colheres de sopa de farinha simples (multiuso)
300 ml/½ pt/1¼ xícara de leite
225g/8oz/2 xícaras de queijo Cheddar ralado
5–10 ml/1–2 colher de chá de mostarda cozida
Sal e pimenta preta moída na hora

Coloque o macarrão em um prato fundo. Adicione o sal e água fervente o suficiente para ficar 5 cm acima do nível da massa. Cozinhe, descoberto, em potência máxima por 8–10 minutos até ficar macio, mexendo duas ou três vezes. Deixe descansar por 3-4 minutos no microondas. Escorra se necessário e deixe descansar enquanto prepara o molho. Derreta a manteiga ou margarina, descoberta, e descongele por 1 a 1½ minutos. Adicione a farinha e, aos poucos, acrescente o leite. Cozinhe, descoberto, em potência máxima por 6–7 minutos até engrossar suavemente, mexendo a cada minuto. Misture dois terços do queijo, seguido da mostarda e do tempero e depois do macarrão. Espalhe uniformemente em um prato de 8/20cm de diâmetro. Polvilhe com o queijo restante. Reaqueça, descoberto, em potência máxima por 3 a 4 minutos. Se desejar, sele rapidamente em uma grelha quente (grelha) antes de servir.

Macarrão com Queijo Stilton

Serve 4–5

Prepare como o macarrão com queijo clássico, mas substitua 100g/3½oz/1 xícara de Stilton esfarelado por metade do queijo Cheddar.

macarrão com queijo com bacon

Serve 4–5

Prepare como o macarrão com queijo clássico, mas acrescente 6 fatias (fatias) de bacon ralado, grelhado (grelhado) até ficar crocante e depois esfarelado, com a mostarda e o tempero.

macarrão com queijo e tomate

Serve 4–5

Prepare como o macarrão com queijo clássico, mas coloque uma camada de rodelas de tomate de cerca de 3 tomates pelados por cima da massa antes de polvilhar com o queijo restante.

Espaguete Carbonara

Para 4 pessoas

75 ml/5 colheres de sopa de creme de leite (pesado)
2 ovos grandes
100 g/4 onças/1 xícara de presunto Parma picado
175g/6oz/1½ xícara de queijo parmesão ralado
350g de espaguete ou outra massa grande

Bata as natas e os ovos. Adicione o presunto e 90ml/6 colheres de sopa de queijo parmesão. Cozinhe o espaguete conforme as instruções. Escorra e coloque em um prato de servir. Adicione a mistura de creme e misture tudo com dois garfos ou colheres de pau. Cubra com papel de cozinha e reaqueça em Full por 1 minuto e meio. Sirva cada porção coberta com o queijo parmesão restante.

Pizza Estilo Macarrão com Queijo

Serve 4–5

8 onças/225 g/2 xícaras de macarrão de cotovelo
7,5 ml/1½ colher de chá de sal
30 ml/2 colheres de sopa de manteiga ou margarina
30 ml/2 colheres de sopa de farinha simples (multiuso)
300 ml/½ pt/1¼ xícara de leite

4 onças/125 g/1 xícara de queijo Cheddar ralado
4 onças/125 g/1 xícara de queijo mussarela ralado
5–10 ml/1–2 colher de chá de mostarda cozida
Sal e pimenta preta moída na hora
212 g/7 onças/1 lata pequena de atum em óleo, escorrido e reservado em óleo
12 azeitonas pretas sem caroço (sem caroço), fatiadas
1 pimentão em lata, fatiado
2 tomates escaldados, sem pele e picados grosseiramente
5–10 ml/1–2 colher de chá de pesto vermelho ou verde (opcional)
Folhas de manjericão, para decorar

Coloque o macarrão em um prato fundo. Adicione o sal e água fervente o suficiente para ficar 5 cm acima do nível da massa. Cozinhe, descoberto, em potência máxima por 8–10 minutos até ficar macio, mexendo duas ou três vezes. Deixe descansar por 3-4 minutos no microondas. Escorra se necessário e deixe descansar enquanto prepara o molho. Derreta a manteiga ou margarina, descoberta, e descongele por 1 a 1½ minutos. Adicione a farinha e, aos poucos, acrescente o leite. Cozinhe, descoberto, em potência máxima por 6–7 minutos até engrossar suavemente, mexendo a cada minuto. Misture dois terços de cada queijo, seguido da mostarda e do sabor. Adicione o macarrão, o atum, 15ml/1 colher de sopa de óleo de atum, azeitonas, pimentão, tomate e pesto, se for usar. Espalhe uniformemente em um prato de 8/20cm de diâmetro. Polvilhe com os restantes queijos.

Reaqueça, descoberto, em potência máxima por 3 a 4 minutos. se você gosta,

Creme de Espaguete com Cebolinha

Para 4 pessoas

150 ml/¼ pt/2/3 xícara de creme duplo (pesado)
1 gema de ovo
150g/5oz/1¼ xícara de queijo parmesão ralado
8 cebolinhas (cebolinha), finamente picadas
Sal e pimenta preta moída na hora
350g de espaguete ou outra massa grande

Misture as natas, a gema, 45 ml/3 colheres de sopa de parmesão e a cebolinha. Tempere bem a gosto. Cozinhe o espaguete conforme as instruções. Escorra e coloque em um prato de servir. Adicione a mistura de creme e misture tudo com dois garfos ou colheres de pau. Cubra com papel de cozinha e reaqueça em Full por 1 minuto e meio. Ofereça o queijo parmesão restante separadamente.

Esparguete à bolonhesa

Serve 4–6

450 g/1 lb/4 xícaras de carne magra picada (moída)
1 dente de alho esmagado
1 cebola grande ralada

1 pimentão verde, sem sementes e picado finamente
5ml/1 colher de chá de tempero italiano ou mistura de ervas secas
400g/14oz/1 lata grande de tomate picado
45 ml/3 colheres de sopa de purê de tomate (pasta)
1 cubo de caldo de carne
75 ml/5 colheres de sopa de vinho tinto ou água
15 ml / 1 colher de sopa de açúcar mascavo escuro e macio
5 ml/1 colher de chá de sal
Pimenta preta moída na hora
350g de espaguete ou outra massa, recém cozida e escorrida
Queijo parmesão ralado

Combine a carne e o alho em um prato de 1,75 litros/3 pt/7½ xícara. Cozinhe, descoberto, em potência máxima por 5 minutos. Misture todos os ingredientes restantes, exceto sal, pimenta e espaguete. Cubra com um prato e cozinhe em fogo alto por 15 minutos, mexendo quatro vezes com um garfo para desmanchar a carne. Deixe descansar por 4 minutos. Tempere com sal e pimenta a gosto e sirva com o espaguete. Ofereça o queijo parmesão separadamente.

Espaguete com Molho Bolonhesa de Peru

Para 4 pessoas

Prepare como o espaguete à bolonhesa, mas substitua a carne por peru picado (moído).

Espaguete com molho de ragu

Para 4 pessoas

Um molho tradicional e barato, usado pela primeira vez na Inglaterra nas trattorias do Soho logo após a Segunda Guerra Mundial.

20 ml/4 colheres de chá de azeite
1 cebola grande, finamente picada
1 dente de alho esmagado
1 cenoura pequena ralada
250g/8oz/2 xícaras de carne magra picada (moída)
10 ml/2 colheres de chá de farinha simples (multiuso)
15 ml/1 colher de sopa de purê de tomate (pasta)
300 m/½ pt/1¼ xícara de caldo de carne
45 ml/3 colheres de sopa de vinho branco seco
1,5 ml/¼ colher de chá de manjericão seco
1 pequena folha de louro
175g de cogumelos picados grosseiramente
Sal e pimenta preta moída na hora
350g de espaguete ou outra massa, recém cozida e escorrida
Queijo parmesão ralado

Coloque o azeite, a cebola, o alho e a cenoura em um prato de 1,75 litros/3 pt/7½ xícara. Aqueça, descoberto, em Full por 6 minutos. Adicione todos os ingredientes restantes, exceto sal, pimenta e espaguete. Cubra com um prato e cozinhe em fogo alto por 11 minutos, mexendo três vezes. Deixe descansar por 4 minutos. Tempere com sal e pimenta, retire a folha de louro e sirva com o esparguete. Ofereça o queijo parmesão separadamente.

espaguete com manteiga

Para 4 pessoas

350g/12 onças de macarrão
60 ml/4 colheres de sopa de manteiga ou azeite
Queijo parmesão ralado

Cozinhe o macarrão conforme as instruções. Escorra e coloque num prato grande com a manteiga ou o azeite. Misture com duas colheres até que a massa fique bem revestida. Despeje em quatro pratos quentes e coloque queijo parmesão ralado em cada um.

Massas com Alho

Para 4 pessoas

350g/12 onças de macarrão
2 dentes de alho esmagados
50g/2 onças de manteiga
10 ml/2 colheres de chá de azeite
30 ml/2 colheres de sopa de salsa picada
Queijo parmesão ralado
Folhas de rúcula ou radicchio picadas

Cozinhe o macarrão conforme as instruções. Aqueça o alho, a manteiga e o azeite em fogo alto por 1 minuto e meio. Adicione a salsa. Escorra o macarrão e coloque em um prato de servir. Adicione a mistura de alho e misture tudo com duas colheres de pau. Sirva imediatamente polvilhado com parmesão e guarnecido com rúcula esmagada ou folhas de chicória.

Espaguete com Carne e Molho Misto de Legumes à Bolonhesa

Para 4 pessoas

30 ml/2 colheres de sopa de azeite
1 cebola grande, finamente picada
2 dentes de alho esmagados
4 fatias (rasas) de bacon picadas
1 talo de aipo picado
1 cenoura ralada
125g de cogumelos em fatias finas
225g/8oz/2 xícaras de carne magra picada (moída)
30 ml/2 colheres de sopa de farinha simples (multiuso)
1 copo de vinho tinto seco
150 ml/¼ pt/2/3 xícara de passata (tomates peneirados)
60 ml/4 colheres de sopa de caldo de carne
2 tomates grandes, escaldados, sem pele e picados
15 ml / 1 colher de sopa de açúcar mascavo escuro e macio
1,5 ml/¼ colher de chá de noz-moscada ralada
15 ml/1 colher de sopa de folhas de manjericão picadas
Sal e pimenta preta moída na hora
350 g/12 onças de espaguete, recém cozido e escorrido
Queijo parmesão ralado

Coloque o azeite, a cebola, o alho, o bacon, o aipo e a cenoura em uma tigela de 2 litros/3½ pt/8½ xícara. Adicione os cogumelos e a carne.

Cozinhe, descoberto, em potência máxima por 6 minutos, mexendo duas vezes com um garfo para desmanchar a carne. Misture todos os ingredientes restantes, exceto sal, pimenta e espaguete. Cubra com um prato e cozinhe em potência máxima por 13–15 minutos, mexendo três vezes. Deixe descansar por 4 minutos. Tempere com sal e pimenta e sirva com o macarrão. Ofereça o queijo parmesão separadamente.

Espaguete com Molho de Carne e Creme

Para 4 pessoas

Prepare como espaguete com carne e molho à bolonhesa de vegetais mistos, mas adicione 30–45 ml/2–3 colheres de sopa de creme de leite (pesado) no final.

Espaguete com Molho de Carne Marsala

Para 4 pessoas

Prepare como espaguete com carne bovina e molho bolonhesa misto de vegetais, mas substitua o vinho por marsala e adicione 45ml/3 colheres de sopa de queijo marscapone no final.

Massa Marinara

Para 4 pessoas

Significa 'estilo marinheiro' e vem de Nápoles.

30 ml/2 colheres de sopa de azeite

3–4 dentes de alho esmagados

8 tomates grandes, escaldados, sem pele e picados

5 ml/1 colher de chá de hortelã picada

15 ml/1 colher de sopa de folhas de manjericão picadas

Sal e pimenta preta moída na hora

350g/12oz de macarrão recém cozido, escorrido

Queijo pecorino ralado ou parmesão para servir

Coloque todos os ingredientes, exceto o macarrão, em um prato de 1,25 litros/2¼ pt/5½ xícara. Cubra com um prato e cozinhe em potência máxima por 6–7 minutos, mexendo três vezes. Sirva com o macarrão e ofereça o queijo pecorino ou parmesão separadamente.

Pasta Matriciana

Para 4 pessoas

Um molho de massa rústico da região central de Abruzzo, na Itália.

30 ml/2 colheres de sopa de azeite
1 cebola picada
5 fatias (fatias) de bacon listrado não defumado, picado grosseiramente
8 tomates, escaldados, sem pele e picados
2–3 dentes de alho esmagados
350g/12oz de macarrão recém cozido, escorrido
Queijo pecorino ralado ou parmesão para servir

Coloque todos os ingredientes, exceto o macarrão, em um prato de 1,25 litros/2¼ pt/5½ xícara. Cubra com um prato e cozinhe em fogo alto por 6 minutos, mexendo duas vezes. Sirva com o macarrão e ofereça o queijo pecorino ou parmesão separadamente.

Macarrão com Atum e Alcaparras

Para 4 pessoas

15 ml/1 colher de sopa de manteiga
200 g/7 onças/1 lata pequena de atum em óleo
60 ml/4 colheres de sopa de caldo de legumes ou vinho branco
15 ml/1 colher de sopa de alcaparras picadas
30 ml/2 colheres de sopa de salsa picada
350g/12oz de macarrão recém cozido, escorrido
Queijo parmesão ralado

Coloque a manteiga em uma forma de 600ml/1pt/2½ xícara e derreta, descoberta, no descongelamento por 1½ minuto. Adicione o conteúdo da lata de atum e esmigalhe o peixe. Adicione o caldo ou vinho, as alcaparras e a salsa. Cubra com um prato e aqueça em potência máxima por 3-4 minutos. Sirva com o macarrão e ofereça o queijo parmesão separadamente.

Massa Napoletana

Para 4 pessoas

Este extravagante molho de tomate de Nápoles, de sabor quente e colorido, é melhor preparado no verão, quando os tomates são mais abundantes.

8 tomates grandes maduros, escaldados, sem pele e picados grosseiramente
30 ml/2 colheres de sopa de azeite
1 cebola picada
2–4 dentes de alho esmagados
1 talo de aipo picado
15 ml/1 colher de sopa de folhas de manjericão picadas
10 ml/2 colheres de chá de açúcar mascavo claro e macio
60 ml/4 colheres de sopa de água ou vinho tinto
Sal e pimenta preta moída na hora
30 ml/2 colheres de sopa de salsa picada
350g/12oz de macarrão recém cozido, escorrido
Queijo parmesão ralado

Coloque os tomates, o azeite, a cebola, o alho, o aipo, o manjericão, o açúcar e a água ou o vinho num prato de 1,25 litros/2¼ pt/5½ xícara. Misture bem. Cubra com um prato e cozinhe em fogo alto por 7 minutos, mexendo duas vezes. Tempere a gosto e adicione a salsa. Sirva imediatamente com o macarrão e ofereça o queijo parmesão separadamente.

Massa Pizzaiola

Para 4 pessoas

Prepare como a Massa Napoletana, mas aumente o número de tomates para 10, omita a cebola, o aipo e a água e use o dobro de salsa. Adicione 15 ml/1 colher de sopa de orégano fresco ou 2,5 ml/½ colher de chá de orégano seco à salsa.

Macarrão com Ervilhas

Para 4 pessoas

Prepare como para a Massa Napoletana, mas adicione 125g/4oz/1 xícara de presunto picado grosseiramente e 175g/6oz/1½ xícara de ervilhas frescas aos tomates com os outros ingredientes. Cozinhe por 9 a 10 minutos.

Macarrão com Molho de Fígado de Frango

Para 4 pessoas

225g/8 onças de fígado de galinha
30 ml/2 colheres de sopa de farinha simples (multiuso)
15 ml/1 colher de sopa de manteiga
15 ml/1 colher de sopa de azeite

1–2 dentes de alho esmagados
125g/4oz de cogumelos, fatiados
150 ml/¼ pt/2/3 xícara de água quente
150 ml/¼ pt/2/3 xícara de vinho tinto seco
Sal e pimenta preta moída na hora
350g/12oz de macarrão, recém cozido e escorrido

Macarrão com Anchovas

Para 4 pessoas

30 ml/2 colheres de sopa de azeite
15 ml/1 colher de sopa de manteiga
2 dentes de alho esmagados
50 g/2 onças/1 lata pequena de filés de anchova em óleo
45 ml/3 colheres de sopa de salsa picada
2,5 ml/½ colher de chá de manjericão seco
Pimenta preta moída na hora
350g/12oz de macarrão recém cozido, escorrido

Coloque o azeite, a manteiga e o alho em um prato de 600 ml/1 pt/2½ xícara. Pique as anchovas e junte o azeite da lata. Misture a salsa, o manjericão e a pimenta a gosto. Cubra com um prato e cozinhe em potência máxima por 3–3½ minutos. Sirva imediatamente com o macarrão.

Ravióli com Molho

Para 4 pessoas

350g/12oz/3 xícaras de ravióli

Cozinhe como se fosse uma massa grande e sirva com qualquer um dos molhos para massa à base de tomate acima.

tortellini

Para 4 pessoas

Deixe cerca de 250g de tortellini comprado em loja e cozinhe como se fosse uma massa grande, fresca ou seca. Escorra bem, adicione 25g/1oz/2 colheres de sopa de manteiga sem sal (doce) e misture bem. Sirva cada porção polvilhada com queijo parmesão ralado.

lasanha

Serve 4–6

45 ml/3 colheres de sopa de água quente
Espaguete com molho à bolonhesa
9 a 10 folhas de lasanha simples, verde (verdi) ou marrom (grãos integrais), sem necessidade de pré-cozinhar
Molho de queijo
25 g/1 onça/¼ xícara de queijo parmesão ralado
30 ml/2 colheres de sopa de manteiga
Noz-moscada

Unte com óleo ou manteiga um prato quadrado de 20cm/8 pol. Adicione a água quente ao molho à bolonhesa. Coloque uma camada de folhas de lasanha no fundo do prato, depois uma camada de molho à bolonhesa e depois uma camada de molho de queijo. Continue com as camadas, finalizando com o molho de queijo. Polvilhe com queijo parmesão, salpique com manteiga e polvilhe com noz-moscada. Cozinhe, descoberto, por 15 minutos, virando o prato duas vezes. Deixe descansar por 5 minutos e continue cozinhando por mais 15 minutos ou até que a lasanha fique macia quando uma faca é enfiada no centro. (O tempo de cozimento irá variar dependendo da temperatura inicial dos dois molhos).

Pizza napolitana

4 atrás

O micro-ondas faz um ótimo trabalho com as pizzas, que lembram aquelas que você encontra em toda a Itália e em Nápoles em particular.

30 ml/2 colheres de sopa de azeite
2 cebolas descascadas e picadas finamente
1 dente de alho esmagado
150 g/5 onças/2/3 xícara de purê de tomate (pasta)
Massa básica de pão branco ou integral
350g/12oz/3 xícaras de queijo mussarela ralado
10 ml/2 colheres de chá de orégano seco
50 g/2 onças/1 lata pequena de filés de anchova em óleo

Cozinhe o azeite, a cebola e o alho, descobertos, em fogo alto por 5 minutos, mexendo duas vezes. Misture com o purê de tomate e reserve. Divida a massa igualmente em quatro partes. Enrole cada um em uma forma redonda grande o suficiente para cobrir um prato raso de 20cm/8 untado e enfarinhado. Cubra com papel de cozinha e deixe descansar por 30 minutos. Espalhe cada um com a mistura de tomate. Misture o queijo com o orégano e polvilhe uniformemente em cada pizza. Decore com anchovas. Leve ao forno individualmente, coberto com papel de cozinha, em temperatura máxima durante 5 minutos, virando duas vezes. Coma imediatamente.

Margarita Pizza

4 atrás

Prepare como a Pizza Napoletana, mas substitua o orégano por manjericão seco e omita as anchovas.

Pizza de frutos do mar

4 atrás

Prepare como na Pizza Napoletana. Quando cozido, polvilhe com camarões, mexilhões, amêijoas, etc.

pizza siciliana

4 atrás

Prepare como na Pizza Napoletana. Quando cozido, pique 18 azeitonas pretas pequenas entre as anchovas.

pizza de cogumelo

4 atrás

Prepare como para a Pizza Napoletana, mas polvilhe 100g de cogumelos em fatias finas sobre a mistura de tomate antes de adicionar o queijo e as ervas. Cozinhe por mais 30 segundos.

Pizza de Presunto e Abacaxi

4 atrás

Prepare como na Pizza Napoletana, mas polvilhe 125 g/4 onças/1 xícara de presunto picado sobre a mistura de tomate antes de adicionar o queijo e as ervas. Pique 2 rodelas de abacaxi em lata e espalhe-as por cima da pizza. Cozinhe por mais 45 segundos.

Pizzas de calabresa

4 atrás

Prepare como na Pizza Napoletana, mas cubra cada pizza com 6 fatias finas de linguiça calabresa.

Amêndoas Laminadas com Manteiga

Um esplêndido complemento para pratos doces e salgados.

15 ml/1 colher de sopa de manteiga sem sal (doce)
50 g/2 onças/½ xícara de amêndoas em flocos (fatiadas)
Sal natural ou aromatizado ou açúcar de confeiteiro (superfino)

Coloque a manteiga em um prato raso de 20cm/8 de diâmetro. Derreta, descoberto, em alta por 45 a 60 segundos. Adicione as amêndoas e cozinhe, descoberto, em potência máxima por 5 a 6 minutos até dourar, mexendo e virando a cada minuto. Polvilhe com sal para cobrir os pratos salgados e açúcar de confeiteiro para os doces.

Amêndoas Roladas em Manteiga de Alho

Prepare como amêndoas em flocos com manteiga, mas use manteiga de alho comprada em loja. É uma cobertura inteligente para pratos como purê de batata e também pode ser adicionado a sopas cremosas.

Castanhas Secas

O micro-ondas permite que as castanhas secas sejam cozinhadas e utilizáveis em menos de 2 horas sem imersão durante a noite, seguida de uma cozedura prolongada. Além disso, o árduo trabalho de peeling já foi feito para você.

Lave 250 g/2 xícaras de castanhas secas. Coloque em um prato de 1,75 litros/3 pt/7½ xícara. Adicione 600 ml/1 pt/2½ xícaras de água fervente. Cubra com um prato e cozinhe em fogo alto por 15 minutos, virando o prato três vezes. Leve ao microondas por 15 minutos. Repita com os mesmos tempos de cozimento e repouso. Descubra, adicione mais 150 ml/¼ pt/2/3 xícara de água fervente e mexa. Cubra como antes e cozinhe em Full por 10 minutos, mexendo duas vezes. Deixe descansar por 15 minutos antes de usar.

Secagem de Ervas

Se você cultiva suas próprias ervas, mas acha difícil secá-las em climas úmidos e imprevisíveis, o micro-ondas fará o trabalho para você de maneira eficaz, eficiente e limpa em pouco tempo, para que você possa saborear sua colheita anual durante os meses de inverno. . Cada variedade de erva deve ser seca sozinha para manter o sabor intacto. Se quiser fazer isso mais tarde, você pode criar suas próprias misturas misturando várias ervas secas.

Comece cortando as ervas daninhas dos arbustos com uma tesoura de poda ou uma tesoura. Retire as folhas (agulhas no caso do alecrim) dos caules e coloque-as frouxamente em um jarro medidor de 300 ml/½ pt/1¼ xícara, enchendo quase até a borda. Despeje em uma peneira (filtro) e enxágue rápida e suavemente em água fria corrente. Escorra bem e seque entre as dobras de um pano de prato limpo e seco (pano de prato). Coloque por cima uma camada dupla de papel de cozinha, colocado diretamente no prato giratório do micro-ondas. Aqueça, descoberto, em potência máxima por 5 a 6 minutos, movendo cuidadosamente as ervas sobre o papel duas ou três vezes. Assim que soarem como o farfalhar das folhas de outono e perderem a cor verde brilhante, você pode presumir que as ervas secaram completamente. Caso contrário, continue aquecendo por 1–1½ minutos. Retire do forno e deixe esfriar. Esmague as ervas secas esfregando-as entre as mãos. Transfira para potes herméticos com rolha e rótulo. Armazene longe da luz forte.

Pão ralado crocante

Pão ralado transparente de alta qualidade, ao contrário dos pacotes amarelo-calêndula, cozinha perfeitamente no micro-ondas e fica crocante e quebradiço sem dourar. O pão pode ser fresco ou estragado, mas o pão fresco demora um pouco mais para secar. Esmigalhe 3½ fatias grandes de pão branco ou integral em migalhas finas. Espalhe as migalhas em um prato raso de 10cm/25cm de diâmetro. Cozinhe, descoberto, em potência máxima por 5 a 6 minutos, mexendo quatro vezes, até sentir nos dedos que as migalhas estão secas e crocantes. Deixe esfriar, mexendo de vez em quando e guarde em um recipiente hermético. Eles serão mantidos quase indefinidamente em um local fresco.

Hambúrgueres de nozes

12 atrás

Não são novidade, principalmente para vegetarianos e veganos, mas a combinação de nozes confere a estes hambúrgueres um sabor excepcional e a textura crocante é igualmente apetitosa. Podem ser servidos quentes com molho, frios com salada e maionese, cortados ao meio na horizontal e usados como recheio de sanduíches, ou consumidos puros como lanche.

30 ml/2 colheres de sopa de manteiga ou margarina
125 g/4 onças/1 xícara de amêndoas inteiras e sem pele
125g/4oz/1 xícara de nozes
125 g/4 onças/1 xícara de castanhas de caju picadas, torradas
125g/4oz/2 xícaras de pão ralado fresco e macio
1 cebola média ralada
2,5 ml/½ colher de chá de sal
5 ml/1 colher de chá de mostarda cozida
30 ml/2 colheres de sopa de leite frio

Derreta a manteiga ou margarina, descoberta, em fogo alto por 1 a 1½ minutos. Moa as nozes bem finamente no liquidificador ou processador de alimentos. Despeje e misture com os demais ingredientes, inclusive manteiga ou margarina. Divida em 12 partes iguais e forme formas ovais. Disponha na borda de um prato grande untado. Cozinhe, descoberto, em potência máxima por 4 minutos, virando uma vez. Deixe descansar por 2 minutos.

Bolo de nozes

Serve de 6 a 8 porções

Prepare como hambúrgueres de nozes, mas substitua 350 g/12 onças/3 xícaras de nozes moídas de sua escolha por amêndoas, nozes e castanhas de caju. Forme um círculo de 20 cm e coloque em um prato untado. Cozinhe, descoberto, em potência máxima por 3 minutos. Deixe descansar por 5 minutos e depois cozinhe em Full por mais 2 minutos e meio. Deixe descansar por 2 minutos. Sirva quente ou frio, cortado em rodelas.

Trigo sarraceno

Para 4 pessoas

Também conhecido como milho sarraceno e nativo da Rússia, o trigo sarraceno não está relacionado a nenhum outro grão. É o pequeno fruto de uma planta com flores rosadas e perfumadas que faz parte da família das tâmaras. Base dos blinis (ou panquecas russas), o grão é um alimento básico e terroso e é um substituto saudável das batatas com carnes e aves.

175g/6oz/1 xícara de trigo sarraceno
1 ovo batido
5 ml/1 colher de chá de sal
750 ml/1¼ pts/3 xícaras de água fervente

Misture o trigo sarraceno e o ovo em uma tigela de 2 litros/3½ pt/8½ xícara. Torrada, descoberta, em fogo alto por 4 minutos, mexendo e quebrando com um garfo a cada minuto. Adicione o sal e a água. Coloque em um prato no micro-ondas para caso de derramamento e cozinhe, descoberto, em potência máxima por 22 minutos, mexendo quatro vezes. Cubra com um prato e deixe descansar por 4 minutos. Garfo redondo antes de servir.

búlgaro

Serve de 6 a 8 porções

Também chamado de burghal, burghul ou trigo rachado, esse grão é um dos alimentos básicos do Oriente Médio. Agora está amplamente disponível em supermercados e lojas de produtos naturais.

225 g/8 onças/1¼ xícaras de búlgaro
600 ml/1 pt/2½ xícaras de água fervente
5–7,5 ml/1–1½ colher de chá de sal

Coloque o búlgaro em um prato de 1,75 litros/3 pt/7½ xícara. Torrada, descoberta, na potência máxima por 3 minutos, mexendo a cada minuto. Adicione água fervente e sal. Cubra com um prato e deixe descansar por 6 a 15 minutos, dependendo da variedade de búlgaro utilizado, até que o grão fique al dente, como macarrão. Polvilhe com um garfo e coma quente ou frio.

Búlgaro com Cebola Frita

Para 4 pessoas

1 cebola ralada
15 ml/1 colher de sopa de azeitona ou girassol
1 quantidade búlgara

Coloque a cebola e o azeite em um prato pequeno. Cozinhe, descoberto, em potência máxima por 4 minutos, mexendo três vezes. Adicione ao búlgaro cozido ao mesmo tempo que a água e o sal.

Tabular

Para 4 pessoas

De cor verde profundo da salsa, este prato evoca o Líbano e é uma das saladas mais apetitosas que se possa imaginar, um acompanhamento perfeito para muitos pratos, desde costeletas vegetarianas de nozes até cordeiro assado. É também uma entrada atraente, servida sobre salada verde em pratos individuais.

1 quantidade búlgara
120–150 ml/4–5 fl oz/½–2/3 xícara de salsinha finamente picada
30 ml/2 colheres de sopa de folhas de hortelã picadas
1 cebola média, finamente ralada
15 ml/1 colher de sopa de azeite
Sal e pimenta preta moída na hora
folhas de salada
Tomates picados, pepino picado e azeitonas pretas, para decorar

Cozinhe o búlgaro conforme as instruções. Despeje metade da quantidade em uma tigela e misture a salsinha, a hortelã, a cebola, o azeite e bastante sal e pimenta a gosto. Quando frio, arrume as folhas da salada e decore bem com a guarnição. Use o búlgaro restante da maneira que desejar.

salada de sultão

Para 4 pessoas

Um favorito pessoal e, coberto com pedaços de queijo Feta e servido com pão pita, é uma refeição completa.

1 quantidade búlgara
1–2 dentes de alho esmagados
1 cenoura ralada
15 ml/1 colher de sopa de folhas de hortelã picadas
60 ml/4 colheres de sopa de salsa picada
Suco de 1 limão grande, coado
45 ml/3 colheres de sopa de azeite ou óleo de girassol, ou uma mistura de ambos
Saladas verdes
Amêndoas torradas e azeitonas verdes, para decorar

Cozinhe o búlgaro conforme as instruções e adicione o alho, a cenoura, a hortelã, a salsa, o suco de limão e o azeite. Disponha num prato forrado com salada de folhas verdes e guarnecido com amêndoas torradas e azeitonas verdes.

cuscuz

Para 4 pessoas

Cuscuz é um grão e o nome de um ensopado de carne ou vegetais do Norte da África. Feito com sêmola de trigo duro (creme de trigo), parece pequenas pérolas perfeitamente arredondadas. Costumava ser feito à mão por cozinheiros caseiros dedicados e talentosos, mas agora está disponível em embalagens e pode ser cozinhado num piscar de olhos, graças a uma técnica francesa que elimina a laboriosa e demorada tarefa de cozinhar a vapor. Você pode substituir o cuscuz por qualquer um dos pratos feitos com búlgaro (páginas 209–10).

250 g/9 onças/1½ xícara de cuscuz comprado
300 ml/½ pt/1¼ xícara de água fervente
5–10 ml/1–2 colheres de chá de sal

Coloque o cuscuz em uma travessa de 1,75 litros/3 pt/7½ xícara e toste, descoberto, em potência alta por 3 minutos, mexendo a cada minuto. Adicione água e sal e dê um garfo redondo. Cubra com um prato e cozinhe em fogo alto por 1 minuto. Deixe descansar no microondas por 5 minutos. Fluff com um garfo antes de servir.

Semolina

Para 4 pessoas

Grits (grãos de milho) são um cereal norte-americano quase branco, à base de milho. É consumido com leite quente e açúcar ou com manteiga e sal e pimenta. Está disponível em lojas especializadas em alimentos, como a Harrods em Londres.

150 g/5 onças/1 xícara de sêmola escassa
150 ml/¼ pt/2/3 xícara de água fria
600 ml/1 pt/2½ xícaras de água fervente
5 ml/1 colher de chá de sal

Coloque os grãos em um recipiente de 2,5 litros/4½ litros/11 xícaras. Misture delicadamente com a água fria, depois acrescente a água fervente e o sal. Cozinhe, descoberto, em potência máxima por 8 minutos, mexendo quatro vezes. Cubra com um prato e deixe descansar por 3 minutos antes de servir.

Nhoque à Romana

Para 4 pessoas

O nhoque é frequentemente encontrado em restaurantes italianos, onde é muito apreciado. É um prato substancial e saudável para almoço ou jantar com salada e utiliza ingredientes baratos.

600 ml/1 pt/2½ xícaras de leite frio
150 g/5 onças/¾ xícara de sêmola (creme de trigo)
5 ml/1 colher de chá de sal
50 g/2 onças/¼ xícara de manteiga ou margarina
75 g/3 onças/¾ xícara de queijo parmesão ralado
2,5 ml/½ colher de chá de mostarda continental pronta
1,5 ml/¼ colher de chá de noz-moscada ralada
1 ovo grande, batido
Salada mista
Molho de tomate (ketchup)

Misture delicadamente metade do leite frio com a semolina em um recipiente de 1,5 litros/2½ pt/6 xícaras. Aqueça o leite restante, descoberto, em fogo alto por 3 minutos. Junte a semolina com o sal. Cozinhe, descoberto, em potência máxima por 7 minutos até ficar bem espesso, mexendo quatro ou cinco vezes para manter a mistura homogênea. Retire do micro-ondas e misture metade da manteiga, metade do queijo e toda a mostarda, noz-moscada e ovo. Cozinhe, descoberto, em potência máxima por 1 minuto. Cubra com um prato e deixe descansar por 1 minuto. Espalhe em um prato raso de 23cm/9 quadrados untado com óleo ou manteiga. Cubra frouxamente com papel de cozinha e deixe esfriar até ficar firme e firme. Corte em quadrados de 2,5 cm/1 pol. Disponha em um prato redondo de 23cm/9 pol. untado com manteiga em anéis sobrepostos. Polvilhe com o queijo restante, salpique com flocos da manteiga restante e leve ao forno quente por 15 minutos até dourar.

Nhoque de presunto

Para 4 pessoas

Prepare como o Nhoque alla Romana, mas adicione 75 g/3 onças/¾ xícara de presunto de Parma picado ao leite morno.

Querido

Serve 4–6

Um grão bonito e delicado, relacionado ao sorgo, que é um substituto pouco convencional do arroz. Se consumido com leguminosas (ervilha, feijão e lentilha), é uma refeição equilibrada e rica em proteínas.

175 g/6 onças/1 xícara de milho
750 ml/1¼ pts/3 xícaras de água fervente ou caldo
5 ml/1 colher de chá de sal

Coloque o milho em um prato de 2 litros/3½ pt/8½ xícara. Torrada, descoberta, em fogo alto por 4 minutos, mexendo duas vezes. Misture água e sal. Fique em um prato em caso de derramamento. Cozinhe, descoberto, em potência máxima por 20 a 25 minutos até que toda a água tenha sido absorvida. Polvilhe com um garfo e coma imediatamente.

Polenta

Para 6

Um grão amarelo brilhante feito de milho, semelhante à sêmola (creme de trigo), mas mais grosso. É um alimento básico amiláceo na Itália e na Romênia, onde é altamente respeitado e frequentemente consumido como acompanhamento de pratos de carne, aves, ovos e vegetais. Nos últimos anos tornou-se uma especialidade de restaurante da moda, muitas vezes cortada em quadradinhos e servida grelhada (assada) ou frita (refogada) com molhos semelhantes aos do espaguete.

150g/5oz/¾ xícara de polenta
5 ml/1 colher de chá de sal
125 ml/¼ pt/2/3 xícara de água fria
600 ml/1 pt/2½ xícaras de água fervente ou caldo

Coloque a polenta e o sal em um prato de 2 litros/3½ pt/8½ xícara. Misture delicadamente com água fria. Aos poucos, misture água fervente ou caldo. Fique em um prato em caso de derramamento. Cozinhe, descoberto, em potência máxima por 7–8 minutos até ficar bem espesso, mexendo quatro vezes. Cubra com um prato e deixe descansar por 3 minutos antes de servir.

polenta grelhada

Para 6

Prepare como se fosse polenta. Quando cozido, espalhe em um prato quadrado de 23cm/9 pol. untado com manteiga ou untado. Alise a parte superior com uma faca mergulhada e retirada de água quente. Cubra frouxamente com papel de cozinha e deixe esfriar completamente. Corte em quadrados, pincele com azeite ou óleo de milho e grelhe (grelhe) ou frite (refogue) da maneira convencional até dourar.

polenta com pesto

Para 6

Prepare como a polenta, mas adicione 20ml/4 colheres de chá de pesto vermelho ou verde à água fervente.

Polenta com Tomate Seco ou Pasta de Azeitona

Para 6

Prepare como a polenta, mas adicione 45ml/3 colheres de sopa de tomate seco ou pasta de azeitona à água fervente.

Quinoa

Serve 2–3 porções

Um grão rico em proteínas relativamente novo no cenário peruano, com uma textura curiosamente crocante e sabor levemente defumado. Combina com todos os alimentos e é um novo substituto do arroz.

125 g/4 onças/2/3 xícara de quinoa
2,5 ml/½ colher de chá de sal
550 ml/18 fl oz/2 1/3 xícaras de água fervente

Coloque a quinoa em uma tigela de 1,75 litros/3 pt/7½ xícara. Torrada, descoberta, em fogo alto por 3 minutos, mexendo uma vez. Adicione sal e água e misture bem. Cozinhe em potência máxima por 15 minutos, mexendo quatro vezes. Cubra e deixe descansar por 2 minutos.

polenta romena

Para 4 pessoas

O prato nacional notoriamente rico da Roménia: mamaliga.

1 quantidade de polenta
75g/3oz/1/3 xícara de manteiga
4 ovos grandes escalfados na hora
100g/4oz/1 xícara de queijo feta esfarelado
150 ml/¼ pt/2/3 xícara de creme de leite (laticínios azedos)

Prepare a polenta e deixe-a no prato onde foi cozida. Bata metade da manteiga. Coloque montes iguais em quatro placas quentes e faça um recorte em cada uma. Recheie com os ovos, polvilhe com o queijo e cubra com o restante da manteiga e das natas. Coma imediatamente.

Arroz com curry

Para 4 pessoas

Adequado como acompanhamento da maioria dos alimentos orientais e asiáticos, especialmente indianos.

30 ml/2 colheres de sopa de óleo de amendoim (amendoim)
2 cebolas picadas finamente
225g/8oz/1 xícara de arroz basmati
2 pequenas folhas de louro
2 dentes inteiros
Sementes de 4 vagens de cardamomo
30–45 ml/2–3 colheres de sopa de curry em pó suave
5 ml/1 colher de chá de sal
600 ml/1 pt/2½ xícaras de água fervente ou caldo de legumes

Coloque o óleo em um prato de 2,25 litros/4 pt/10 xícaras. Aqueça, descoberto, em Full por 1 minuto. Misture as cebolas. Cozinhe, descoberto, em potência máxima por 5 minutos. Adicione todos os ingredientes restantes. Cubra com filme plástico e corte duas vezes para permitir a saída do vapor. Cozinhe na potência máxima por 15 minutos, virando o prato quatro vezes. Deixe descansar por 2 minutos. Garfo levemente e sirva.

Caçarola de Queijo Cottage e Arroz

Serve 3–4 porções

Um grande amálgama de sabores e texturas trazido da América do Norte há alguns anos.

225g/8oz/1 xícara de arroz integral
50 g/2 onças/¼ xícara de arroz selvagem
1,25 litros/2¼ pts/5½ xícaras de água fervente
10 ml/2 colheres de chá de sal
4 cebolinhas (cebolinha), picadas grosseiramente
1 pimentão verde pequeno, sem sementes e picado
4 tomates, escaldados, sem pele e fatiados
125g/4oz de cogumelos, fatiados
225 g/8 onças/1 xícara de queijo cottage
3 onças/75 g/¾ xícara de queijo Cheddar ralado

Coloque o arroz integral e selvagem em um prato de 2,25 litros/4 pt/10 xícaras. Adicione água e sal. Cubra com filme plástico e corte duas vezes para permitir a saída do vapor. Cozinhe em potência máxima por 40 a 45 minutos até que o arroz fique fofo e macio. Escorra, se necessário, e reserve. Encha uma panela de 1,75 litros/3 pt/7½ xícara (forno holandês) com camadas alternadas de arroz, cebola, pimentão, tomate, cogumelos e queijo cottage. Polvilhe bem com o Cheddar ralado. Cozinhe, descoberto, em potência máxima por 7 minutos, virando o prato duas vezes.

Risoto Italiano

Serve 2–3 porções

2,5–5 ml/½–1 colher de chá de açafrão em pó ou 5 ml/1 colher de chá de fios de açafrão
50g/2oz/¼ xícara de manteiga
5 ml/1 colher de chá de azeite
1 cebola grande, descascada e ralada
225g/8oz/1 xícara de arroz risoto fácil de cozinhar
600 ml/1 pt/2½ xícaras de água fervente ou caldo de galinha
150 ml/¼ pt/2/3 xícara de vinho branco seco
5 ml/1 colher de chá de sal
50g/2oz/½ xícara de queijo parmesão ralado

Se usar fios de açafrão, esmigalhe-os entre os dedos em um copo de ovo com água quente e deixe descansar por 10 a 15 minutos. Coloque metade da manteiga e do óleo em um prato de 1,75 litros/3 pt/7½ xícara. Aqueça, descoberto, no descongelamento por 1 minuto. Adicione a cebola. Cozinhe, descoberto, em potência máxima por 5 minutos. Adicione o arroz, a água ou o caldo e os fios de vinho e açafrão com a água ou o açafrão em pó. Cubra com filme plástico e corte duas vezes para permitir a saída do vapor. Cozinhe na potência máxima por 14 minutos, virando o prato três vezes. Adicione delicadamente a manteiga restante, seguida do sal e metade do queijo parmesão. Cozinhe, descoberto, em potência máxima por 4 a 8 minutos, mexendo delicadamente com um garfo a cada 2 minutos, até que o arroz tenha absorvido todo o líquido. O tempo de cozimento dependerá do arroz utilizado.

Risoto de cogumelo

Serve 2–3 porções

Quebre 20g de cogumelos secos, de preferência porcini, em pedaços pequenos, lave-os bem em água fria corrente e depois deixe-os de molho por 10 minutos na água fervente ou no caldo de galinha usado na receita do risoto italiano. Proceda como no risoto italiano.

Arroz brasileiro

Serve 3–4 porções

15 ml/1 colher de sopa de azeite ou óleo de milho
30 ml/2 colheres de sopa de cebola seca
225 g/8 onças/1 xícara de arroz americano de grão longo ou arroz basmati
5–10 ml/1–2 colheres de chá de sal
600 ml/1 pt/2½ xícaras de água fervente
2 tomates grandes, escaldados, sem pele e picados

Despeje o óleo em um prato de 2 litros/3½ pt/8½ xícara. Adicione a cebola seca. Cozinhe, descoberto, em potência máxima por 1¼ minutos. Adicione todos os ingredientes restantes. Cubra com filme plástico e corte duas vezes para permitir a saída do vapor. Cozinhe na potência máxima por 15 minutos, virando o prato quatro vezes. Deixe descansar por 2 minutos. Garfo levemente e sirva.

Arroz Espanhol

Para 6

Um especial norte-americano que pouco tem a ver com a Espanha além da adição de pimentão e tomate! Coma com pratos de aves e ovos.

225g/8oz/1 xícara de arroz de grão longo fácil de cozinhar
600 ml/1 pt/2½ xícaras de água fervente
10 ml/2 colheres de chá de sal
30 ml/2 colheres de sopa de óleo de milho ou girassol
2 cebolas picadas finamente
1 pimentão verde, sem sementes e picado grosseiramente
400g/14oz/1 lata grande de tomate picado

Cozinhe o arroz na água com metade do sal conforme as instruções. Fique aquecido. Despeje o óleo em uma tigela de 1,75 litros/3 litros/7½ xícara. Aqueça, descoberto, em Full por 1 minuto. Adicione cebola e pimenta. Cozinhe, descoberto, em potência máxima por 5 minutos, mexendo duas vezes. Misture os tomates. Aqueça, descoberto, em potência máxima por 3 minutos e meio. Passe o arroz quente com o restante do sal por um garfo e sirva imediatamente.

Pilaf Turco Simples

Para 4 pessoas

225g/8oz/1 xícara de arroz risoto fácil de cozinhar
Água fervente ou caldo de legumes
5 ml/1 colher de chá de sal
40 g/1½ onças/3 colheres de sopa de manteiga

Cozinhe o arroz em água fervente ou caldo com adição de sal conforme as instruções. Adicione a manteiga ao prato ou tigela. Deixe descansar por 10 minutos. Descubra e dê um garfo. Cubra com um prato e reaqueça em potência máxima por 3 minutos.

delicioso pilaf turco

Para 4 pessoas

225g/8oz/1 xícara de arroz risoto fácil de cozinhar
Água fervendo
5 ml/1 colher de chá de sal
5 cm/2 em pedaço de pau de canela
40 g/1½ onças/3 colheres de sopa de manteiga
15 ml/1 colher de sopa de azeite
2 cebolas picadas finamente
60 ml/4 colheres de sopa de pinhões torrados
25g/1oz de fígado de cordeiro ou frango, cortado em pedaços pequenos
30 ml/2 colheres de sopa de groselhas ou passas
2 tomates escaldados, sem pele e picados

Cozinhe o arroz na água e no sal, num prato grande ou tigela, conforme as instruções, acrescentando o pau de canela. Deixou de lado. Coloque a manteiga e o óleo em uma tigela de 1,25 litro/2¼ litro/5½ xícara e aqueça, descoberto, em potência alta por 1 minuto. Misture todos os ingredientes restantes. Cubra com um prato e cozinhe em fogo alto por 5 minutos, mexendo duas vezes. Misture delicadamente ao arroz quente com um garfo. Cubra como antes e reaqueça em Full por 2 minutos.

Arroz Tailandês com Capim Limão, Folhas de Limão e Coco

Para 4 pessoas

Uma maravilha de delicadeza requintada, apropriada para todos os pratos de frango e peixe ao estilo tailandês.

250g/9oz/1 xícara generosa de arroz tailandês
400 ml/14 fl oz/1¾ xícara de leite de coco em lata
2 folhas de limão fresco
1 folha de capim-limão, dividida longitudinalmente, ou 15ml/1 colher de sopa de folhas de erva-cidreira picadas
7,5 ml/1½ colher de chá de sal

Despeje o arroz em um prato de 1,5 litros/2½ pt/6 xícaras. Despeje o leite de coco em uma jarra medidora e complete até 600 ml/1 pt/2½ xícaras com água fria. Aqueça, descoberto, em potência máxima por 7 minutos até começar a borbulhar e ferver. Misture delicadamente o arroz com todos os ingredientes restantes. Cubra com filme plástico e corte duas vezes para permitir a saída do vapor. Cozinhe em Full por 14 minutos. Deixe descansar por 5 minutos. Descubra e remova o capim-limão, se estiver usando. Garfo delicadamente e coma imediatamente o arroz levemente macio e pegajoso.

Quiabo com repolho

Para 6

Uma curiosidade do Gabão, suave ou picante dependendo da quantidade de pimenta incluída.

*30 ml/2 colheres de sopa de óleo de amendoim (amendoim)
450 g/1 lb de repolho Savoy ou couve, ralado finamente
200g/7oz de quiabo (dedos de senhora), cabeças e caudas removidas e cortadas em pedaços
1 cebola ralada
300 ml/½ pt/1¼ xícara de água fervente
10 ml/2 colheres de chá de sal
45 ml/3 colheres de sopa de pinhões, levemente torrados na grelha
2,5–20 ml/¼–4 colher de chá de pimenta em pó*

Despeje o óleo em uma panela de 2,25 litros/4 litros/10 xícaras (forno holandês). Adicione os legumes e o quiabo seguidos dos demais ingredientes. Misture bem. Cubra com filme plástico e corte duas vezes para permitir a saída do vapor. Cozinhe em Full por 7 minutos. Deixe descansar por 5 minutos. Cozinhe em Full por mais 3 minutos. Escorra se necessário e sirva.

Repolho Roxo com Maçã

8 porções

Excelente com presunto quente, ganso e pato, a couve roxa é de ascendência escandinava e do norte da Europa, um acompanhamento agridoce e agora bastante inteligente, no seu melhor no microondas, onde permanece com uma cor rosa profunda.

900g/2lb de repolho roxo
450 ml/¾ pt/2 xícaras de água fervente
7,5 ml/1½ colher de chá de sal
3 cebolas picadas finamente
3 maçãs cozidas (azedas), descascadas e raladas
30 ml/2 colheres de sopa de açúcar mascavo claro e macio
2,5 ml/½ colher de chá de sementes de cominho
30 ml/2 colheres de sopa de farinha de milho (amido de milho)
45 ml/3 colheres de sopa de vinagre de malte
15 ml/1 colher de sopa de água fria

Apare o repolho, removendo quaisquer folhas externas machucadas ou danificadas. Corte em quartos e remova a haste central dura e triture o mais finamente possível. Coloque em um prato de 2,25 litros/4 pt/10 xícaras. Adicione metade da água fervente e 5ml/1 colher de chá de sal. Cubra com um prato e cozinhe em fogo alto por 10 minutos, virando o prato quatro vezes. Mexa bem e depois misture o restante da água fervente e o restante do sal, cebola, maçã, açúcar e sementes de cominho. Cubra com filme plástico e corte duas vezes para permitir a saída do vapor. Cozinhe em Full por 20 minutos, virando o prato quatro vezes. Retire do microondas. Misture delicadamente a farinha de milho com o vinagre e a água fria. Adicione ao repolho quente e misture bem. Cozinhe, descoberto, em potência máxima por 10 minutos, mexendo três vezes. Deixe esfriar antes de esfriar durante a noite. Sirva, cubra novamente com filme plástico novo e corte duas vezes para permitir que o vapor escape, depois aqueça em potência máxima por 5 a 6 minutos antes de servir. Como alternativa, transfira as porções para pratos laterais e cubra cada uma com papel de cozinha e reaqueça individualmente em Full por 1 minuto cada.

Repolho roxo com vinho

8 porções

Prepare como o repolho roxo com maçã, mas substitua metade da água fervente por 250 ml/8 fl oz/1 xícara de vinho tinto.

Repolho azedo norueguês

8 porções

900g/2lb de repolho branco
90 ml/6 colheres de sopa de água
60 ml/4 colheres de sopa de vinagre de malte
60 ml/4 colheres de sopa de açúcar granulado
10 ml/2 colheres de chá de sementes de cominho
7,5–10 ml/1½–2 colheres de chá de sal

Apare o repolho, removendo quaisquer folhas externas machucadas ou danificadas. Corte em quartos e remova a haste central dura e triture o mais finamente possível. Coloque em um prato de 2,25 litros/4 pt/10 xícaras com todos os ingredientes restantes. Misture bem com duas colheres. Cubra com filme plástico e corte duas vezes para permitir a saída do vapor. Cozinhe no Descongelamento por 45 minutos, virando o prato quatro vezes. Deixe à temperatura da cozinha durante a noite para que os sabores amadureçam. Para servir, coloque porções individuais em pratos laterais e cubra cada uma com papel de cozinha. Reaqueça individualmente em Full, aguardando cerca de 1 minuto cada. Cubra bem e leve à geladeira as sobras.

Quiabo estufado à grega com tomate

Serve de 6 a 8 porções

Com um caráter levemente oriental, este prato de vegetais um pouco fora do comum tornou-se uma proposta viável agora que o quiabo (dedos femininos) está mais disponível. Esta receita fica excelente com borrego ou como prato único, servido com arroz.

900g/2lb de quiabo, cabeça e cauda removidas
Sal e pimenta preta moída na hora
90 ml/6 colheres de sopa de vinagre de malte
45 ml/3 colheres de sopa de azeite
2 cebolas descascadas e picadas finamente
6 tomates, escaldados, sem pele e picados grosseiramente
15 ml / 1 colher de sopa de açúcar mascavo claro e macio

Espalhe o quiabo em um prato grande e plano. Para reduzir as chances de o quiabo rachar e ficar pegajoso, polvilhe com sal e vinagre. Deixe descansar por 30 minutos. Lave e seque em papel de cozinha. Despeje o óleo em um prato de 2,5 litros/4½ pt/11 xícara e adicione as cebolas. Cozinhe, descoberto, em potência máxima por 7 minutos, mexendo três vezes. Adicione todos os ingredientes restantes, incluindo quiabo, e tempere a gosto. Cubra com um prato e cozinhe em fogo alto por 9–10 minutos, mexendo três ou quatro vezes, até que o quiabo esteja macio. Deixe descansar por 3 minutos antes de servir.

Legumes com tomate, cebola e manteiga de amendoim

Serve 4–6

Experimente esta especialidade do Malawi com pão branco fatiado como prato principal vegetariano ou sirva como acompanhamento com frango.

450g/1lb de folhas de couve, finamente picadas
150 ml/¼ pt/2/3 xícara de água fervente
5–7,5 ml/1–1½ colher de chá de sal
4 tomates, escaldados, sem pele e fatiados
1 cebola grande, finamente picada
60 ml/4 colheres de sopa de manteiga de amendoim crocante

Coloque os vegetais em um prato de 2,25 litros/4 litros/10 xícaras. Misture água e sal. Cubra com filme plástico e corte duas vezes para permitir a saída do vapor. Cozinhe em potência alta por 20 minutos. Descubra e acrescente o tomate, a cebola e a manteiga de amendoim. Cubra como antes e cozinhe em Full por 5 minutos.

Creme de beterraba agridoce

Para 4 pessoas

Esta forma atraente de apresentar a beterraba remonta a 1890, mas atualmente está de volta à moda.

450 g/1 lb de beterraba cozida (beterraba vermelha), ralada grosseiramente
150 ml/¼ pt/2/3 xícara de creme duplo (pesado)
Sal
15 ml/1 colher de sopa de vinagre
30 ml/2 colheres de sopa de açúcar demerara

Coloque a beterraba em um prato de 900 ml/1½ pt/3¾ xícara com o creme de leite e sal a gosto. Cubra com um prato e aqueça em potência máxima por 3 minutos, mexendo uma vez. Adicione o vinagre e o açúcar e sirva imediatamente.

Beterraba com Laranja

Serve 4–6

Um acompanhamento alegre e original para carnes e aves de Natal.

450 g/1 lb de beterraba cozida (beterraba vermelha), descascada e fatiada
75 ml/5 colheres de sopa de suco de laranja espremido na hora
15 ml/1 colher de sopa de vinagre de malte
2,5 ml/½ colher de chá de sal
1 dente de alho, descascado e esmagado

Coloque a beterraba em um prato raso de 18cm/7cm de diâmetro. Misture os ingredientes restantes e regue com a beterraba. Cubra com filme plástico e corte duas vezes para permitir a saída do vapor. Cozinhe em potência máxima por 6 minutos, virando o prato três vezes. Deixe descansar por 1 minuto.

Aipo gratinado

Para 6

Um lindo acompanhamento de inverno de estilo gourmet que combina perfeitamente com peixes e aves.

4 fatias magras (fatias) de bacon picado
900 g/2 lb de aipo-rábano (raiz de aipo)
300 ml/½ pt/1¼ xícara de água fria
15 ml/1 colher de sopa de suco de limão
7,5 ml/1½ colher de chá de sal
300 ml/½ pt/1¼ xícara de creme simples (light)
1 saquinho pequeno de batata frita amassada no saquinho

Coloque o bacon num prato e cubra com papel de cozinha. Cozinhe em Full por 3 minutos. Descasque o aipo-rábano, lave bem e corte cada cabeça em oito pedaços. Coloque em uma tigela de 2,25 litros/4 pt/10 xícaras com água, suco de limão e sal. Cubra com filme plástico e corte duas vezes para permitir a saída do vapor. Cozinhe em Full por 20 minutos, virando o prato quatro vezes. Ralo. Corte o aipo-rábano e coloque-o de volta no prato. Adicione o bacon e as natas e polvilhe com as batatas fritas. Cozinhe, descoberto, em potência máxima por 4 minutos, virando o prato duas vezes. Deixe descansar por 5 minutos antes de servir.

Aipo-rábano com molho holandês de laranja

Para 6

Aipo-rábano coberto com uma cobertura gloriosamente dourada e brilhante de molho holandês cítrico para experimentar com pato e caça.

900 g/2 lb de aipo-rábano (raiz de aipo)
300 ml/½ pt/1¼ xícara de água fria
15 ml/1 colher de sopa de suco de limão
7,5 ml/1½ colher de chá de sal
molho maltês
1 laranja muito doce, descascada e picada

Descasque o aipo-rábano, lave bem e corte cada cabeça em oito pedaços. Coloque em uma tigela de 2,25 litros/4 pt/10 xícaras com água, suco de limão e sal. Cubra com filme plástico e corte duas vezes para permitir a saída do vapor. Cozinhe em Full por 20 minutos, virando o prato quatro vezes. Ralo. Corte o aipo-rábano e coloque-o de volta no prato. Fique aquecido. Prepare o molho maltês e regue com o aipo. Decore com gomos de laranja.

Pote de legumes para perder peso

Serve 2 porções

Prepare-se como no Slimmer's Fish Pot, mas omita o peixe. Adicione a polpa cortada em cubos de 2 abacates aos vegetais cozidos com especiarias e ervas. Cubra e reaqueça em Full por 1 minuto e meio.

Pote de legumes com ovos para perder peso

Serve 2 porções

Prepare-se como no Slimmer's Veggie Pot, mas polvilhe cada porção com 1 ovo cozido (cozido) picado.

Ratatouille

Serve de 6 a 8 porções

Uma explosão de sabores e cores mediterrâneas é parte integrante desta gloriosa mistura de vegetais. Quente, frio ou morno, parece combinar com tudo.

60 ml/4 colheres de sopa de azeite
3 cebolas descascadas e picadas grosseiramente
1–3 dentes de alho esmagados
225 g/8 onças de abobrinha em fatias finas
350 g/12 onças/3 xícaras de berinjela em cubos (berinjela)
1 pimentão grande vermelho ou verde, sem sementes e picado
3 tomates maduros, sem pele, escaldados e picados
30 ml/2 colheres de sopa de purê de tomate (pasta)
20 ml / 4 colheres de chá de açúcar mascavo claro e macio
10 ml/2 colheres de chá de sal
45–60 ml/3–4 colheres de sopa de salsa picada

Despeje o óleo em um prato de 2,5 litros/4½ pt/11 xícara. Aqueça, descoberto, em Full por 1 minuto. Misture a cebola e o alho. Cozinhe, descoberto, em potência máxima por 4 minutos. Adicione todos os ingredientes restantes, exceto metade da salsa. Cubra com um prato e cozinhe em fogo alto por 20 minutos, mexendo três ou quatro vezes. Descubra e cozinhe em potência máxima por 8–10 minutos, mexendo quatro vezes, até que a maior parte do líquido tenha evaporado.

Misture a salsa restante. Sirva imediatamente ou leve à geladeira, tampe e leve à geladeira se comer mais tarde.

Pastinaga Caramelizada

Para 4 pessoas

Ideal para acompanhar todos os assados de aves e bovinos, escolha pastinacas que não sejam maiores que cenouras grandes para isso.

450g/1lb de pastinacas pequenas, em fatias finas
45 ml/3 colheres de sopa de água
25g/1oz/2 colheres de sopa de manteiga
7,5 ml / 1½ colher de sopa de açúcar mascavo escuro e macio
Sal

Coloque as pastinacas em um prato de 1,25 litros/2¼ pt/5½ xícara com água. Cubra com filme plástico e corte duas vezes para permitir a saída do vapor. Cozinhe em potência máxima por 8 a 10 minutos, virando o prato e agitando suavemente o conteúdo duas vezes, até ficar macio. Escorra a água. Adicione a manteiga e o açúcar e misture as pastinacas para cobrir bem. Aqueça, descoberto, em potência máxima por 1–1½ minutos até ficar glaceado. Polvilhe com sal e coma imediatamente.

Pastinaga com manteiga e molho de miolo de ovo

Para 4 pessoas

450g/1lb de pastinaga cortada em cubos
45 ml/3 colheres de sopa de água
75 g/3 onças/1/3 xícara de manteiga sem sal (doce)
4 cebolinhas (cebolinha), finamente picadas
45 ml/3 colheres de sopa de pão ralado light torrado
1 ovo cozido (cozido), ralado
30 ml/2 colheres de sopa de salsa picada
Suco de ½ limão pequeno

Coloque as pastinacas em um prato de 1,5 litros/2½ pt/6 xícaras com água. Cubra com filme plástico e corte duas vezes para permitir a saída do vapor. Cozinhe em potência máxima por 8 a 10 minutos. Deixe descansar enquanto prepara o molho. Coloque a manteiga em uma jarra medidora e derreta, descoberta, em descongelamento por 2–2½ minutos. Adicione a cebola e cozinhe, descoberta, no descongelamento por 3 minutos, mexendo duas vezes. Misture todos os ingredientes restantes e aqueça no Defrost por 30 segundos. Escorra as pastinacas e transfira para um prato quente. Cubra com o molho de migalhas e sirva imediatamente.

Brócolis com Queijo Supremo

Serve 4–6

450 g/1 libra de brócolis
60 ml/4 colheres de sopa de água
5 ml/1 colher de chá de sal
150 ml/¼ pt/2/3 xícara de creme de leite (laticínios azedos)
125g/4oz/1 xícara de queijo Cheddar ou Jarlsberg ralado
1 ovo
5 ml/1 colher de chá de mostarda suave
2,5 ml/½ colher de chá de páprica
1,5 ml/¼ colher de chá de noz-moscada ralada

Lave os brócolis, separe-os em florzinhas pequenas e coloque-os em um prato fundo de 20cm/8 de diâmetro com água e sal. Cubra com filme plástico e corte duas vezes para permitir a saída do vapor. Cozinhe em Full por 12 minutos. Seque bem. Misture os ingredientes restantes e coloque sobre os brócolis. Cubra com um prato e cozinhe em fogo alto por 3 minutos. Deixe descansar por 2 minutos.

Guvetch

Serve de 6 a 8 porções

Uma proporção búlgara de ratatouille de cor vibrante e cheia de sabor. Sirva sozinho com arroz, massa ou polenta ou como acompanhamento de pratos de ovos, carnes e aves.

450g/1lb de feijão francês ou queniano (verde), coberto e com cauda
4 cebolas em fatias bem finas
3 dentes de alho esmagados
60 ml/4 colheres de sopa de azeite
6 pimentões de cores mistas, sem sementes e cortados em tiras
6 tomates, escaldados, sem pele e picados
1 pimentão verde, sem sementes e picado (opcional)
10–15 ml/2–3 colheres de chá de sal
15 ml/1 colher de sopa de açúcar em pó (superfino)

Corte cada feijão em três pedaços. Coloque a cebola e o alho em uma tigela de 2,5 litros/4½ pt/11 xícaras com o azeite. Mexa bem para misturar. Cozinhe, descoberto, em potência máxima por 4 minutos. Misture bem todos os ingredientes restantes, incluindo o feijão. Cubra com um prato e cozinhe em fogo alto por 20 minutos, mexendo três vezes. Descubra e cozinhe em fogo alto por mais 8 a 10 minutos, mexendo quatro vezes, até que a maior parte do líquido tenha evaporado. Sirva imediatamente ou leve à geladeira, tampe e leve à geladeira se comer mais tarde.

Queijo De Aipo Com Bacon

Para 4 pessoas

6 rashers (fatias) de bacon listrado
350g/12 onças de aipo picado
30 ml/2 colheres de sopa de água fervente
30 ml/2 colheres de sopa de manteiga ou margarina
30 ml/2 colheres de sopa de farinha simples (multiuso)
300 ml/½ pt/1¼ xícara de leite integral morno
5 ml/1 colher de chá de mostarda inglesa
225g/8oz/2 xícaras de queijo Cheddar ralado
Sal e pimenta preta moída na hora
Pimentas
Pão frito (frito), para servir

Coloque o bacon num prato e cubra com papel de cozinha. Cozinhe na potência máxima por 4–4½ minutos, virando o prato uma vez. Escorra a gordura e pique o bacon grosseiramente. Coloque o aipo em um prato separado com água fervente. Cubra com um prato e cozinhe em fogo alto por 10 minutos, virando o prato duas vezes. Escorra e reserve o líquido. Coloque a manteiga em um prato de 1,5 litros/2½ pt/6 xícaras. Derreta, descoberto, e descongele por 1 a 1½ minutos. Adicione a farinha e cozinhe em Full por 1 minuto. Aos poucos misture o leite. Cozinhe, descoberto, em potência máxima por 4–5 minutos até engrossar suavemente, mexendo a cada minuto. Misture a água de aipo, o aipo, o bacon, a mostarda e dois terços do queijo. Tempere a gosto. Transfira a mistura para um prato limpo. Polvilhe o queijo restante por cima e polvilhe com colorau. Reaqueça, descoberto, em Full por 2 minutos. Sirva com pão frito.

Queijo Alcachofra com Bacon

Para 4 pessoas

Prepare como o queijo bacon e aipo, mas omita o aipo. Coloque 350g de alcachofras de Jerusalém em uma tigela com 15ml/1 colher de sopa de suco de limão e 90ml/6 colheres de sopa de água fervente. Cubra com filme plástico e corte duas vezes para permitir a saída do vapor. Cozinhe em potência máxima por 12–14 minutos até ficar macio. Escorra, reservando 45ml/3 colheres de sopa de água. Adicione as alcachofras e a água ao molho com a mostarda, o bacon e o queijo.

Papas da Carélia

Para 4 pessoas

Uma receita oriental da Finlândia para batatas de primavera.

450 g/1 lb de batatas novas, lavadas, mas com casca
30 ml/2 colheres de sopa de água fervente
125 g/4 onças/½ xícara de manteiga, em temperatura de cozimento
2 ovos cozidos picados

Coloque as batatas em um prato de 900 ml/1½ pt/3¾ xícara com água fervente. Cubra com um prato e cozinhe em fogo alto por 11 minutos, mexendo duas vezes. Enquanto isso, bata a manteiga até ficar homogêneo e acrescente os ovos. Escorra as batatas e acrescente a mistura de ovos enquanto as batatas ainda estão bem quentes. Sirva imediatamente.

Caçarola Gouda de Batata Holandesa com Tomate

Para 4 pessoas

Uma caçarola vegetariana farta e quente que pode ser servida com vegetais verdes cozidos ou uma salada crocante.

750g/1½lb de batatas cozidas, em fatias grossas
3 tomates grandes, escaldados, sem pele e cortados em fatias finas
1 cebola roxa grande, ralada grosseiramente
30 ml/2 colheres de sopa de salsa picada
175 g/6 onças/1½ xícara de queijo Gouda ralado
Sal e pimenta preta moída na hora
30 ml/2 colheres de sopa de farinha de milho (amido de milho)
30 ml/2 colheres de sopa de leite frio
150 ml/¼ pt/2/3 xícara de água quente ou caldo de legumes
Pimentas

Encha um prato untado de 1,5 litros/2½ pt/6 xícaras com camadas alternadas de batatas, tomates, cebola, salsa e dois terços do queijo, polvilhando sal e pimenta entre as camadas. Misture delicadamente a farinha de milho com o leite frio e, aos poucos, adicione a água quente ou o caldo. Despeje a lateral do prato. Polvilhe o queijo restante por cima e polvilhe com colorau. Cubra com papel de cozinha e aqueça em potência alta durante 12 a 15 minutos. Deixe descansar por 5 minutos antes de servir.

Batata Doce Fofa com Manteiga e Creme

Para 4 pessoas

450g/1lb de batata-doce de casca rosada e polpa amarela (não batata-doce), descascada e cortada em cubos
60 ml/4 colheres de sopa de água fervente
45 ml/3 colheres de sopa de manteiga ou margarina
60 ml/4 colheres de sopa de chantilly, quente
Sal e pimenta preta moída na hora

Coloque as batatas em um prato de 1,25 litros/2¼ pt/5½ xícara. Adicione a água. Cubra com filme plástico e corte duas vezes para permitir a saída do vapor. Cozinhe em Full por 10 minutos, virando o prato três vezes. Deixe descansar por 3 minutos. Escorra e triture bem. Bata bem a manteiga e as natas. Tempere bem a gosto. Transfira para um prato de servir, cubra com um prato e reaqueça em potência máxima por 1½ a 2 minutos.

Batata Doce Maître d'Hôtel

Para 4 pessoas

450g/1lb de batata-doce de casca rosada e polpa amarela (não batata-doce), descascada e cortada em cubos
60 ml/4 colheres de sopa de água fervente
45 ml/3 colheres de sopa de manteiga ou margarina
45 ml/3 colheres de sopa de salsa picada

Coloque as batatas em um prato de 1,25 litros/2¼ pt/5½ xícara. Adicione a água. Cubra com filme plástico e corte duas vezes para permitir a saída do vapor. Cozinhe em potência máxima por 10 minutos, virando o prato três vezes. Deixe descansar por 3 minutos e depois escorra. Adicione a manteiga e mexa para cobrir as batatas e polvilhe com a salsa.

Batatas com creme

Serve 4–6

As batatas cozidas no microondas mantêm o sabor e a cor e apresentam uma textura excelente. Seus nutrientes são preservados porque a quantidade de água utilizada para cozinhar é mínima. Economiza-se combustível e não há panela para lavar; Você pode até cozinhar as batatas em seu próprio prato. Descasque as batatas o mais fino possível para preservar as vitaminas.

900 g/2 lb de batatas descascadas, cortadas em pedaços
90 ml/6 colheres de sopa de água fervente

30–60 ml/2–4 colheres de sopa de manteiga ou margarina
90 ml/6 colheres de sopa de leite morno
Sal e pimenta preta moída na hora

Coloque os pedaços de batata em uma xícara de 1,75 litros/3 pt/7½ xícara com água. Cubra com filme plástico e corte duas vezes para permitir a saída do vapor. Cozinhe na potência máxima por 15–16 minutos, virando o prato quatro vezes, até ficar macio. Escorra se necessário e bata bem, batendo alternadamente a manteiga ou margarina e o leite. Temporada. Quando estiver claro e fofo, abra com um garfo e reaqueça, descoberto, em potência máxima por 2–2½ minutos.

Creme De Batata Com Salsa

Serve 4–6

Prepare como para o creme de batatas, mas misture 45–60 ml/3–4 colheres de sopa de salsa picada com o tempero. Reaqueça por mais 30 segundos.

Creme De Batata Com Queijo

Serve 4–6

Prepare como para o creme de batatas, mas misture 4 onças/1 xícara/125 g de queijo duro ralado com o tempero. Reaqueça por mais 1 minuto e meio.

Batatas húngaras com páprica

Para 4 pessoas

50 g/2 onças/¼ xícara de margarina ou banha
1 cebola grande, finamente picada
750g/1½lb de batatas, cortadas em pedaços pequenos
45 ml/3 colheres de sopa de pimenta seca em flocos
10 ml/2 colheres de chá de páprica
5 ml/1 colher de chá de sal
300 ml/½ pt/1¼ xícara de água fervente
60 ml/4 colheres de sopa de creme de leite (laticínios azedos)

Coloque a margarina ou manteiga em um prato de 1,75 litros/3 pt/7½ xícara. Aqueça, descoberto, em potência máxima por 2 minutos até chiar. Adicione a cebola. Cozinhe, descoberto, em potência máxima por 2 minutos. Adicione as batatas, a pimenta em flocos, o colorau, o sal e a água fervente. Cubra com filme plástico e corte duas vezes para permitir a saída do vapor. Cozinhe em Full por 20 minutos, virando o prato quatro vezes. Deixe descansar por 5 minutos. Despeje em pratos quentes e cubra cada um com 15ml/1 colher de sopa de creme de leite.

Batatas Delfinas

Para 6

Dauphinoise gratinado: um dos grandes franceses e uma experiência para desfrutar. Sirva com salada de folhas ou tomate assado, ou como acompanhamento de carnes, aves, peixes e ovos.

900g / 2lb de batatas cerosas, em fatias muito finas
1–2 dentes de alho esmagados
75 ml/5 colheres de sopa de manteiga derretida ou margarina
175 g/6 onças/1 ½ xícara de queijo Emmental ou Gruyère (suíço)
Sal e pimenta preta moída na hora
300 ml/½ pt/1 ¼ xícara de leite integral
Pimentas

Para amolecer as batatas, coloque-as numa tigela grande e cubra com água fervente. Deixe por 10 minutos e depois escorra. Combine o alho com manteiga ou margarina. Unte com manteiga um prato fundo de 10/25cm de diâmetro. Começando e terminando com batatas, recheie o prato com camadas alternadas de rodelas de batata, dois terços do queijo e dois terços da mistura de manteiga, polvilhando sal e pimenta entre as camadas. Despeje com cuidado o leite na lateral do prato e espalhe sobre o queijo restante e a manteiga de alho. Polvilhe com páprica. Cubra com filme plástico e corte duas vezes para permitir a saída do vapor. Cozinhe em Full por 20 minutos, virando o prato quatro vezes. As batatas devem ficar levemente al dente, como o macarrão, mas se preferir mais macias, cozinhe-as em Full por mais 3 a 5 minutos. Deixe descansar por 5 minutos, depois descubra e sirva.

Batatas Sabóia

Para 6

Prepare como as batatas Dauphine, mas substitua o leite pelo caldo, ou metade vinho branco e metade caldo.

Batatas Chateau

Para 6

Prepare como as batatas Dauphine, mas substitua o leite por cidra média.

Batatas com Molho de Manteiga de Amêndoa

Serve 4–5

450 g/1 lb de batatas novas, descascadas e lavadas
30 ml/2 colheres de sopa de água
75 g/3 onças/1/3 xícara de manteiga sem sal (doce)
3 onças/75 g/¾ xícara de amêndoas em flocos (fatiadas), torradas e esfareladas
15 ml/1 colher de sopa de suco de limão fresco

Coloque as batatas em um prato de 1,5 litros/2½ pt/6 xícaras com água. Cubra com filme plástico e corte duas vezes para permitir a saída do vapor. Cozinhe em potência máxima por 11–12 minutos até ficar macio. Deixe descansar enquanto prepara o molho. Coloque a manteiga em uma jarra medidora e derreta, descoberta, em descongelamento por 2–2½ minutos. Mexa com os ingredientes restantes. Misture com as batatas escorridas e sirva.

Tomate com mostarda e limão

Para 4 pessoas

O sabor fresco torna o tomate atraente como acompanhamento de cordeiro e aves, e também de salmão e cavala.

4 tomates grandes, cortados ao meio horizontalmente
Sal e pimenta preta moída na hora
5 ml/1 colher de chá de casca de limão ralada finamente
30 ml/2 colheres de sopa de mostarda integral
Suco de 1 limão

Disponha os tomates em círculo, com os lados cortados para cima, na borda de um prato grande. Polvilhe com sal e pimenta. Misture bem os ingredientes restantes e espalhe sobre os tomates. Cozinhe, descoberto, em Full por 6 minutos, girando o prato três vezes. Deixe descansar por 1 minuto.

pepino estufado

Para 4 pessoas

1 pepino descascado
30 ml/2 colheres de sopa de manteiga ou margarina, na temperatura de cozimento
2,5–5 ml/½–1 colher de chá de sal
30 ml/2 colheres de sopa de salsa picada ou folhas de coentro

Corte o pepino em fatias bem finas, deixe descansar por 30 minutos e depois seque-o em um pano de prato limpo (pano de prato). Coloque a manteiga ou margarina em um prato de 1,25 litros/2¼ litros/5½ xícara e derreta, descoberto, em Descongelar por 1 a 1½ minutos. Adicione o pepino e o sal, mexendo delicadamente até ficar bem revestido com manteiga. Cubra com um prato e cozinhe em fogo alto por 6 minutos, mexendo duas vezes. Descubra e adicione a salsa ou o coentro.

Pepino Refogado com Pernod

Para 4 pessoas

Prepare como o pepino refogado, mas adicione 15ml/1 colher de sopa de Pernod com o pepino.

Medula Espanhola

Para 4 pessoas

Um acompanhamento de verão para complementar aves e peixes.

15 ml/1 colher de sopa de azeite
1 cebola grande, descascada e picada
3 tomates grandes, escaldados, sem pele e picados
450 g/1 lb de tutano (abóbora), descascada e cortada em cubos
15 ml/1 colher de sopa de manjerona ou orégano picado
5 ml/1 colher de chá de sal
Pimenta preta moída na hora

Aqueça o óleo em uma panela de 1,75 litros/3 pt/7½ xícara, descoberta, em fogo alto por 1 minuto. Adicione a cebola e o tomate. Cubra com um prato e cozinhe em fogo alto por 3 minutos. Misture todos os ingredientes restantes, acrescentando pimenta a gosto. Cubra com um prato e cozinhe em fogo alto por 8–9 minutos até que o tutano esteja macio. Deixe descansar por 3 minutos.

Gratinado de Abobrinha e Tomate

Para 4 pessoas

3 tomates, escaldados, sem pele e picados grosseiramente
4 abobrinhas, cobertas, sem cauda e cortadas em fatias finas
1 cebola picada
15 ml/1 colher de sopa de vinagre de malte ou arroz
30 ml/2 colheres de sopa de salsinha picada
1 dente de alho esmagado
Sal e pimenta preta moída na hora
75 ml/5 colheres de sopa de queijo Cheddar ou Emmental ralado

Coloque os tomates, a abobrinha, a cebola, o vinagre, a salsinha e o alho em um prato fundo de 20 cm de diâmetro. Tempere a gosto e mexa bem para incorporar. Cubra com filme plástico e corte duas vezes para permitir a saída do vapor. Cozinhe em potência máxima por 15 minutos, virando o prato três vezes. Descubra e polvilhe com queijo. Doure convencionalmente na grelha ou, para economizar tempo, volte ao micro-ondas e aqueça na potência máxima por 1 a 2 minutos até que o queijo borbulhe e derreta.

Abobrinha com Bagas de Zimbro

Serve 4–5

8 bagas de zimbro
30 ml/2 colheres de sopa de manteiga ou margarina
450 g/1 lb de abobrinha, coberta, com cauda e em fatias finas
2,5 ml/½ colher de chá de sal
30 ml/2 colheres de sopa de salsa picada

Amasse levemente as bagas de zimbro com as costas de uma colher de pau. Coloque a manteiga ou margarina em um prato fundo de 20 cm de diâmetro. Derreta, descoberto, e descongele por 1 a 1½ minutos. Misture as bagas de zimbro, a abobrinha e o sal e espalhe numa camada uniforme para cobrir o fundo do prato. Cubra com filme plástico e corte duas vezes para permitir a saída do vapor. Cozinhe em Full por 10 minutos, virando o prato quatro vezes. Deixe descansar por 2 minutos. Descubra e polvilhe com salsa.

Folhas chinesas com manteiga e Pernod

Para 4 pessoas

Mistura de textura e sabor entre repolho branco e alface firme, as folhas chinesas são um vegetal cozido muito apresentável e são muito melhoradas com a adição de Pernod, que acrescenta um toque delicado e sutil de erva-doce.

675 g/1½ lb de folhas chinesas, esmagadas
50 g/2 onças/¼ xícara de manteiga ou margarina
15 ml/1 colher de sopa de Pernod
2,5–5 ml/½–1 colher de chá de sal

Coloque as folhas esmagadas em um prato de 2 litros/3½ pt/8½ xícara. Em um prato separado, derreta a manteiga ou margarina e descongele por 2 minutos. Adicione ao repolho com o Pernod e o sal e misture delicadamente. Cubra com um prato e cozinhe em fogo alto por 12 minutos, mexendo duas vezes. Deixe descansar por 5 minutos antes de servir.

Broto de feijão estilo chinês

Para 4 pessoas

450g/1lb de broto de feijão fresco
10 ml/2 colheres de chá de molho de soja escuro
5 ml/1 colher de chá de molho inglês
5 ml/1 colher de chá de sal de cebola

Misture todos os ingredientes em uma tigela grande. Transfira para uma panela funda de 20 cm de diâmetro (forno holandês). Cubra com um prato e cozinhe em fogo alto por 5 minutos. Deixe descansar por 2 minutos, mexa e sirva.

cenoura com laranja

Serve 4–6

50 g/2 onças/¼ xícara de manteiga ou margarina
450g/1lb de cenouras raladas
1 cebola ralada
15 ml/1 colher de sopa de suco de laranja fresco
5 ml/1 colher de chá de casca de laranja ralada finamente
5 ml/1 colher de chá de sal

Coloque a manteiga ou margarina em um prato fundo de 20 cm de diâmetro. Derreta, descoberto, e descongele por 1 minuto e meio. Adicione todos os ingredientes restantes e misture bem. Cubra com filme plástico e corte duas vezes para permitir a saída do vapor. Cozinhe em Full por 15 minutos, virando o prato duas vezes. Deixe descansar 2 a 3 minutos antes de servir.

Chicória refogada

Para 4 pessoas

Um acompanhamento incomum de vegetais com gosto ligeiramente semelhante ao de aspargos. Sirva com pratos de ovos e aves.

4 cabeças de chicória (endívia belga)
30 ml/2 colheres de sopa de manteiga ou margarina
1 cubo de caldo de legumes
15 ml/1 colher de sopa de água fervente
2,5 ml/½ colher de chá de sal de cebola
30 ml/2 colheres de sopa de suco de limão

Apare a chicória, descartando as folhas externas machucadas ou danificadas. Remova um centro em forma de cone da base de cada um para reduzir o amargor. Corte o radicchio em fatias grossas de 1,5cm/½ e coloque em uma panela de 1,25 litros/2¼ pt/5½ xícara (forno holandês). Derreta a manteiga ou margarina separadamente e descongele por 1 minuto e meio. Despeje sobre a chicória. Esmigalhe o cubo de caldo de carne na água fervente e adicione o sal e o suco de limão. Colher sobre a chicória. Cubra com filme plástico e corte duas vezes para permitir a saída do vapor. Cozinhe em Full por 9 minutos, virando o prato três vezes. Deixe descansar por 1 minuto antes de servir com os sucos do prato.

Cenouras Refogadas com Limão

Para 4 pessoas

Prato de cenouras de cor laranja forte, indicado para ensopados de carne e caça.

450g/1lb de cenouras em fatias finas
60 ml/4 colheres de sopa de água fervente
30 ml/2 colheres de sopa de manteiga
1,5 ml/¼ colher de chá de açafrão
5 ml/1 colher de chá de casca de limão ralada finamente

Coloque as cenouras em um prato de 1,25 litros/2¼ pt/5½ xícara com água fervente. Cubra com filme plástico e corte duas vezes para permitir a saída do vapor. Cozinhe em Full por 9 minutos, virando o prato três vezes. Deixe descansar por 2 minutos. Ralo. Adicione imediatamente a manteiga, a cúrcuma e a casca de limão. Coma imediatamente.

Funcho com Xerez

Para 4 pessoas

900g/2lb de erva-doce
50 g/2 onças/¼ xícara de manteiga ou margarina
2,5 ml/½ colher de chá de sal
7,5 ml/1½ colher de chá de mostarda francesa
30 ml/2 colheres de sopa de xerez semi-seco
2,5 ml/½ colher de chá de estragão seco ou 5 ml/1 colher de chá de estragão fresco picado

Lave e seque a erva-doce. Descarte as áreas marrons, mas deixe os "dedos" e as folhas verdes. Derreta a manteiga ou margarina, descoberta, e descongele por 1½ a 2 minutos. Misture delicadamente os ingredientes restantes. Divida cada cabeça de erva-doce e coloque em um prato de 25cm/10cm de diâmetro. Cubra com a mistura de manteiga. Cubra com um prato e cozinhe em fogo alto por 20 minutos, virando o prato quatro vezes. Deixe descansar por 7 minutos antes de servir.

Alho-poró em Vinho com Presunto

Para 4 pessoas

5 alhos-porós estreitos, cerca de 450g/1lb no total
30 ml/2 colheres de sopa de manteiga ou margarina, na temperatura de cozimento
225 g/8 onças/2 xícaras de presunto cozido picado
60 ml/4 colheres de sopa de vinho tinto
Sal e pimenta preta moída na hora

Apare as pontas do alho-poró e, em seguida, corte todos, exceto 10 cm de 'saia' verde de cada um. Corte cuidadosamente o alho-poró ao meio, no sentido do comprimento, quase até o topo. Lave bem entre as folhas em água fria corrente para remover qualquer sujeira ou areia. Coloque a manteiga ou margarina em um prato de 25 x 20 cm. Derreta no descongelamento por 1–1½ minutos e depois pincele a base e as laterais. Disponha o alho-poró, numa única camada, na base. Polvilhe com o presunto e o vinho e tempere. Cubra com filme plástico e corte duas vezes para permitir a saída do vapor. Cozinhe em Full por 15 minutos, virando o prato duas vezes. Deixe descansar por 5 minutos.

Alho-poró Estufado

Para 4 pessoas

5 alhos-porós estreitos, cerca de 450g/1lb no total
30 ml/2 colheres de sopa de manteiga ou margarina
60 ml/4 colheres de sopa de caldo de legumes
Sal e pimenta preta moída na hora

Apare as pontas do alho-poró e, em seguida, corte todos, exceto 10 cm de 'saia' verde de cada um. Corte cuidadosamente o alho-poró ao meio, no sentido do comprimento, quase até o topo. Lave bem entre as folhas em água fria corrente para remover qualquer sujeira ou areia. Corte em fatias de 1,5 cm/½ de espessura. Coloque em uma panela de 1,75 litros/3 pt/7½ xícara (forno holandês). Em uma tigela separada, derreta a manteiga ou margarina e descongele por 1 minuto e meio. Adicione o caldo e tempere bem a gosto. Colher sobre o alho-poró. Cubra com um prato e cozinhe em fogo alto por 10 minutos, mexendo duas vezes.

Aipo Estufado

Para 4 pessoas

Prepare como o alho-poró cozido, mas substitua o alho-poró por 450g/1lb de aipo lavado. Se desejar, adicione uma cebola pequena picada e cozinhe por mais 1 minuto e meio.

Pimentos Recheados com Carne

Para 4 pessoas

4 pimentões verdes (pimentões)
30 ml/2 colheres de sopa de manteiga ou margarina
1 cebola picada
225g/8oz/2 xícaras de carne magra picada (moída)
30 ml/2 colheres de sopa de arroz de grão longo
5 ml/1 colher de chá de ervas secas misturadas
5 ml/1 colher de chá de sal
120 ml/4 fl oz/¼ xícara de água quente

Corte as pontas dos pimentões e reserve. Descarte as fibras internas e as sementes de cada pimenta. Corte uma tira fina de cada base para que fiquem em pé sem tombar. Coloque a manteiga ou margarina em um prato e leve ao fogo alto por 1 minuto. Adicione a cebola. Cozinhe, descoberto, em potência máxima por 3 minutos. Misture a carne, partindo com um garfo. Cozinhe, descoberto, em potência máxima por 3 minutos. Adicione o arroz, as ervas, o sal e 60ml/4 colheres de sopa de água. Despeje a mistura nos pimentões. Coloque-os na vertical e juntos em um prato fundo e limpo. Recoloque as tampas e despeje o restante da água no prato ao redor dos pimentões para fazer o molho. Cubra com filme plástico e corte duas vezes para permitir a saída do vapor. Cozinhe em Full por 15 minutos, virando o prato duas vezes. Deixe descansar por 10 minutos antes de servir.

Pimentos Recheados com Carne com Tomate

Para 4 pessoas

Prepare como os pimentões recheados com carne, mas substitua a água por suco de tomate adoçado com 10 ml/2 colheres de chá de açúcar de confeiteiro (superfino).

Pimentão Recheado de Peru com Limão e Tomilho

Para 4 pessoas

Prepare como para pimentões recheados com carne, mas substitua a carne por peru picado (moído) e 2,5 ml/½ colher de chá de tomilho pelas ervas misturadas. Adicione 5ml/1 colher de chá de casca de limão ralada finamente.

Cogumelos Creme Estilo Polonês

Para 6

Um lugar comum na Polónia e na Rússia, onde os cogumelos ocupam um lugar privilegiado em qualquer mesa. Coma com batatas novas e ovos cozidos.

30 ml/2 colheres de sopa de manteiga ou margarina
450g/1lb de cogumelos
30 ml/2 colheres de sopa de farinha de milho (amido de milho)
30 ml/2 colheres de sopa de água fria
300 ml/½ pt/1¼ xícara de creme de leite (laticínios)
10 ml/2 colheres de chá de sal

Coloque a manteiga ou margarina em um prato fundo de 2,25 litros/4 litros/10 xícaras. Derreta, descoberto, e descongele por 1 minuto e meio. Misture os cogumelos. Cubra com um prato e cozinhe em fogo alto por 5 minutos, mexendo duas vezes. Misture delicadamente a farinha de milho com a água e acrescente o creme de leite. Misture delicadamente os cogumelos. Cubra como antes e cozinhe em fogo alto por 7–8 minutos, mexendo três vezes, até ficar espesso e cremoso. Adicione sal e coma imediatamente.

Cogumelos com páprica

por 6

Prepare como o creme de cogumelos ao estilo polonês, mas adicione 1 dente de alho amassado à manteiga ou margarina antes de derreter. Misture 15 ml/1 colher de sopa de purê de tomate e páprica com os cogumelos. Sirva com macarrão pequeno.

Cogumelos ao curry

por 6

Prepare como o creme de cogumelos ao estilo polaco, mas adicione 15–30 ml/1–2 colheres de sopa de pasta de caril suave e um dente de alho esmagado à manteiga ou margarina antes de derreter. Substitua o creme por iogurte natural espesso e adicione 10 ml/2 colheres de chá de açúcar superfino com o sal. Sirva com arroz.

Lentilha dhal

Serve 6–7

Distintamente oriental com raízes na Índia, este Dhal de Lentilha é elegantemente aromatizado com uma infinidade de especiarias e pode ser servido como acompanhamento de caril ou sozinho com arroz para uma refeição nutritiva e completa.

50 g/2 onças/¼ xícara de ghee, manteiga ou margarina
4 cebolas picadas
1–2 dentes de alho esmagados
225 g/8 onças/1 1/3 xícaras de lentilhas laranja, bem enxaguadas
5 ml/1 colher de chá de açafrão
5 ml/1 colher de chá de páprica
2,5 ml/½ colher de chá de gengibre em pó

20 ml/4 colheres de chá de garam masala
1,5 ml/¼ colher de chá de pimenta caiena
4 sementes de vagens de cardamomo verde
15 ml/1 colher de sopa de purê de tomate (pasta)
750 ml/1¼ pts/3 xícaras de água fervente
7,5 ml/1½ colher de chá de sal
Folhas de coentro (coentro) picadas, para decorar

Coloque o ghee, a manteiga ou a margarina em uma panela de 1,75 litros/3 pt/7½ xícara (forno holandês). Aqueça, descoberto, em Full por 1 minuto. Misture a cebola e o alho. Cubra com um prato e cozinhe em fogo alto por 3 minutos. Adicione todos os ingredientes restantes, cubra com um prato e cozinhe em fogo alto por 15 minutos, mexendo quatro vezes. Deixe descansar por 3 minutos. Se for muito grosso para o gosto pessoal, dilua com um pouco mais de água fervente. Polvilhe com um garfo antes de servir, guarnecido com coentro.

Dhal com cebola e tomate

Serve 6–7

3 cebolas

50 g/2 onças/¼ xícara de ghee, manteiga ou margarina

1–2 dentes de alho esmagados

225 g/8 onças/1 1/3 xícaras de lentilhas laranja, bem enxaguadas

3 tomates, escaldados, sem pele e picados

5 ml/1 colher de chá de açafrão

5 ml/1 colher de chá de páprica

2,5 ml/½ colher de chá de gengibre em pó

20 ml/4 colheres de chá de garam masala

1,5 ml/¼ colher de chá de pimenta caiena

4 sementes de vagens de cardamomo verde
15 ml/1 colher de sopa de purê de tomate (pasta)
750 ml/1 ¼ pts/3 xícaras de água fervente
7,5 ml/1 ½ colher de chá de sal
1 cebola grande em fatias finas
10 ml/2 colheres de chá de óleo de girassol ou milho

Corte 1 cebola em fatias finas e pique o restante. Coloque o ghee, a manteiga ou a margarina em uma panela de 1,75 litros/3 pt/7½ xícara (forno holandês). Aqueça, descoberto, em Full por 1 minuto. Misture a cebola picada e o alho. Cubra com um prato e cozinhe em fogo alto por 3 minutos. Adicione todos os ingredientes restantes. Cubra com um prato e cozinhe em fogo alto por 15 minutos, mexendo quatro vezes. Deixe descansar por 3 minutos. Se for muito grosso para o gosto pessoal, dilua com um pouco mais de água fervente. Separe a cebola cortada em rodelas e frite (refogue) convencionalmente no óleo até ficar levemente dourada e crocante. Solte o dhal com um garfo antes de servir, guarnecido com rodelas de cebola. (Como alternativa, omita a cebola fatiada e decore com cebolas fritas preparadas, disponíveis nos supermercados.)

madras vegetais

Para 4 pessoas

25 g/1 onça/2 colheres de sopa de ghee ou 15 ml/1 colher de sopa de óleo de amendoim

1 cebola descascada e picada

1 alho-poró cortado e picado

2 dentes de alho esmagados

15 ml/1 colher de sopa de curry picante em pó

5 ml/1 colher de chá de cominho em pó

5 ml/1 colher de chá de garam masala

2,5 ml/½ colher de chá de açafrão

Suco de 1 limão pequeno

150 ml/¼ pt/2/3 xícara de caldo de legumes

30 ml/2 colheres de sopa de purê de tomate (pasta)
30 ml/2 colheres de sopa de castanha de caju torrada
450g/1lb de raízes mistas cozidas, cortadas em cubos
175 g/6 onças/¾ xícara de arroz integral cozido
Popadoms, para servir

Coloque o ghee ou óleo em um prato de 2,5 litros/4½ pt/11 xícara. Aqueça, descoberto, em Full por 1 minuto. Adicione a cebola, o alho-poró e o alho e misture bem. Cozinhe, descoberto, em potência máxima por 3 minutos. Adicione curry em pó, cominho, garam masala, açafrão e suco de limão. Cozinhe, descoberto, em potência máxima por 3 minutos, mexendo duas vezes. Adicione o caldo, o purê de tomate e as castanhas de caju. Cubra com um prato invertido e cozinhe em fogo alto por 5 minutos. Adicione os vegetais. Cubra como antes e aqueça em Full por 4 minutos. Sirva com o arroz integral e os popadoms.

Caril Misto de Vegetais

Para 6

1,6 kg/3½ lb de vegetais mistos, como pimentões vermelhos ou verdes; abobrinha (abobrinha); berinjelas com casca (berinjelas); cenouras; batatas; Couve de Bruxelas ou brócolis; cebola; alho-poró
30 ml/2 colheres de sopa de óleo de amendoim ou milho
2 dentes de alho esmagados
60 ml/4 colheres de sopa de purê de tomate (pasta)
45 ml/3 colheres de sopa de garam masala
30 ml/2 colheres de sopa de curry em pó suave, médio ou quente
5 ml/1 colher de chá de coentro moído (coentro)
5 ml/1 colher de chá de cominho em pó

15 ml/1 colher de sopa de sal

1 folha de louro grande

400g/14oz/1 lata grande de tomate picado

15 ml/1 colher de sopa de açúcar em pó (superfino)

150 ml/¼ pt/2/3 xícara de água fervente

250g/9oz/1 xícara generosa de arroz basmati ou arroz de grão longo, cozido

Iogurte natural espesso, para servir

Prepare todos os vegetais de acordo com o tipo. Corte em cubos pequenos ou fatie conforme apropriado. Coloque em um prato fundo de 2,75 litros/5 pt/12 xícaras. Misture todos os ingredientes restantes, exceto água fervente e arroz. Cubra com um prato grande e cozinhe em fogo alto por 25 a 30 minutos, mexendo quatro vezes, até que os vegetais estejam macios, mas ainda firmes na mordida. Retire a folha de louro, junte a água e ajuste os temperos a gosto; o curry pode precisar de um pouco mais de sal. Sirva com arroz e uma tigela de iogurte natural espesso.

Salada Gelada Mediterrânea

Para 6

300 ml/½ pt/1¼ xícara de caldo de legumes frio ou água de cozimento de vegetais

15 ml/1 colher de sopa de gelatina em pó

45 ml/3 colheres de sopa de suco de tomate

45 ml/3 colheres de sopa de vinho tinto

1 pimentão verde, sem sementes e cortado em tiras

2 tomates escaldados, sem pele e picados

30 ml/2 colheres de sopa de alcaparras escorridas

50g /2 onças/¼ xícara de picles picados (cornichons)

12 azeitonas recheadas, fatiadas

10 ml/2 colheres de chá de molho de anchova

Despeje 45 ml/3 colheres de sopa de caldo ou água de cozimento de vegetais em uma tigela. Adicione a gelatina. Deixe descansar por 5 minutos para amolecer. Derreta, descoberto, e descongele por 2–2½ minutos. Adicione o caldo restante com o suco de tomate e o vinho. Cubra quando esfriar e leve à geladeira até começar a engrossar e endurecer. Coloque as tiras de pimentão em uma tigela e cubra com água fervente. Deixe descansar por 5 minutos e depois escorra. Misture os tomates e as tiras de pimenta na gelatina com todos os ingredientes restantes. Transfira para um recipiente ou molde úmido de gelatina de 1,25 litros/2¼ pt/5½ xícara. Cubra e leve à geladeira por várias horas até ficar firme. Para servir, mergulhe a forma ou tigela dentro e fora da tigela com água quente para soltá-la e, em seguida, passe suavemente uma faca quente e úmida nas laterais. Inverta em um prato úmido antes de servir. (Umedecer evita que a gelatina grude.)

Salada gelatinosa grega

Para 6

Prepare como a Salada Gelada Mediterrânea, mas omita as alcaparras e os pepinos. Adicione 125g/4oz/1 xícara de queijo feta picado e 1 cebola pequena picada. Substitua as azeitonas pretas recheadas sem caroço (sem caroço).

Salada gelatinosa russa

Para 6

Prepare como para a Salada Gelada Mediterrânea, mas substitua o suco de tomate e o vinho por 90 ml/6 colheres de sopa de maionese e os tomates e o pimentão por 225 g/8 onças/2 xícaras de cenouras e batatas picadas. Adicione 30ml/2 colheres de sopa de ervilhas cozidas.

Salada de Couve-rábano com Maionese de Mostarda

Para 6

900g / 2lb de couve-rábano
75 ml/5 colheres de sopa de água fervente
5 ml/1 colher de chá de sal
10 ml/2 colheres de chá de suco de limão
60–120 ml/4–6 colheres de sopa de maionese espessa
10–20 ml/2–4 colheres de chá de mostarda integral
Rabanetes fatiados, para decorar

Descasque a couve-rábano, lave bem e corte cada cabeça em oito pedaços. Coloque em uma tigela de 1,25 litros/3 pt/7½ xícara com água, sal e suco de limão. Cubra com filme plástico e corte duas vezes para permitir a saída do vapor. Cozinhe na potência máxima por 10–15 minutos, virando o prato três vezes, até ficar macio. Escorra e corte ou corte em cubos e coloque em uma tigela. Misture a maionese e a mostarda e misture a rutabaga nesta mistura até que os pedaços estejam completamente revestidos. Transfira para um prato de servir e decore com as rodelas de rabanete.

Copos de beterraba, aipo e maçã

Para 6

60 ml/4 colheres de sopa de água fria
15 ml/1 colher de sopa de gelatina em pó
225 ml/8 fl oz/1 xícara de suco de maçã
30 ml/2 colheres de sopa de vinagre de framboesa
5 ml/1 colher de chá de sal

225 g/8 onças de beterraba (beterraba vermelha), cozida (não em conserva), ralada grosseiramente
1 comer maçã (para sobremesa), descascada e ralada grosseiramente
1 talo de aipo cortado em palitos finos
1 cebola pequena picada

Despeje 45 ml/3 colheres de sopa de água fria em uma tigela pequena e adicione a gelatina. Deixe descansar por 5 minutos para amolecer. Derreta, descoberto, e descongele por 2–2½ minutos. Adicione o restante da água fria com o suco de maçã, o vinagre e o sal. Cubra quando esfriar e leve à geladeira até começar a engrossar e endurecer. Adicione a beterraba, a maçã, o aipo e a cebola à gelatina parcialmente endurecida e mexa delicadamente até incorporar bem. Transfira para seis xícaras pequenas molhadas, cubra e leve à geladeira até ficar firme e firme. Retire para pratos individuais.

Copos Waldorf Simulados

Para 6

Prepare como copos de beterraba, aipo e maçã, mas adicione 30 ml/2 colheres de sopa de nozes picadas com os legumes e a maçã.

Salada de Aipo com Alho, Maionese e Pistache

Para 6

900 g/2 lb de aipo-rábano (raiz de aipo)
300 ml/½ pt/1¼ xícara de água fria
15 ml/1 colher de sopa de suco de limão
7,5 ml/1½ colher de chá de sal
1 dente de alho esmagado
45 ml/3 colheres de sopa de pistache picado grosseiramente
60–120 ml/4–8 colheres de sopa de maionese espessa
Folhas de chicória e pistache inteiro, para decorar

Descasque o aipo-rábano, lave bem e corte cada cabeça em oito pedaços. Coloque em uma tigela de 2,25 litros/4 pt/10 xícaras com água, suco de limão e sal. Cubra com filme plástico e corte duas vezes para permitir a saída do vapor. Cozinhe em Full por 20 minutos, virando o prato quatro vezes. Escorra e corte e coloque em uma tigela. Adicione o alho e o pistache picado. Ainda quente, misture a maionese até que os pedaços de aipo estejam completamente revestidos. Transfira para um prato de servir. Decore com folhas de chicória e pistache antes de servir, se possível ainda ligeiramente quente.

Salada Continental de Aipo

Para 4 pessoas

Um conjunto de sabores finos e complementares fazem desta salada de Natal adequada para acompanhar frios de peru e presunto serrano.

750 g/1½ lb de aipo-rábano (raiz de aipo)
75 ml/5 colheres de sopa de água fervente
5 ml/1 colher de chá de sal
10 ml/2 colheres de chá de suco de limão
Para o molho:
30 ml/2 colheres de sopa de óleo de milho ou girassol
15 ml/1 colher de sopa de vinagre de cidra ou malte
15 ml/1 colher de sopa de mostarda cozida
2,5–5 ml/½–1 colher de chá de sementes de cominho
1,5 ml/¼ colher de chá de sal
5 ml/1 colher de chá de açúcar de confeiteiro (superfino)
Pimenta preta moída na hora

Descasque o aipo-rábano bem grosso e corte-o em cubos pequenos. Coloque em um prato de 1,75 litros/3 pt/7½ xícara. Adicione a água fervente, o sal e o suco de limão. Cubra com filme plástico e corte duas vezes para permitir a saída do vapor. Cozinhe na potência máxima por 10–15 minutos, virando o prato três vezes, até ficar macio. Ralo. Bata bem todos os ingredientes restantes. Adicione ao aipo quente e misture bem. Cubra e deixe esfriar. Sirva em temperatura ambiente.

Salada de Aipo com Bacon

Para 4 pessoas

Prepare como a Salada Continental de Aipo, mas acrescente 4 fatias (fatias) de bacon crocante grelhado (assado) e esfarelado, ao mesmo tempo que o molho.

Salada de Alcachofra com Pimentão e Ovos em Molho Quente

Para 6

400 g/14 onças/1 lata grande de corações de alcachofra, escorridos
400g/14oz/1 lata grande de pimentão vermelho, escorrido

10 ml/2 colheres de chá de vinagre de vinho tinto

60 ml/4 colheres de sopa de suco de limão

125 ml/4 fl oz/½ xícara de azeite

1 dente de alho esmagado

5 ml/1 colher de chá de mostarda continental

5 ml/1 colher de chá de sal

5 ml/1 colher de chá de açúcar de confeiteiro (superfino)

4 ovos grandes cozidos, descascados e ralados

225g/8oz/2 xícaras de queijo feta cortado em cubos

Corte as alcachofras ao meio e corte os pimentões em tiras. Disponha alternadamente em torno de um prato grande, deixando um buraco no centro. Coloque o vinagre, o suco de limão, o azeite, o alho, a mostarda, o sal e o açúcar em uma tigela pequena. Aqueça, descoberto, no máximo por 1 minuto, batendo duas vezes. Empilhe os ovos e o queijo em um monte no centro da salada e regue delicadamente com o molho quente.

Recheio de Sálvia e Cebola

Rende 225–275 g/8–10 onças/1 1/3–1 2/3 xícaras

para carne de porco

25 g/1 onça/2 colheres de sopa de manteiga ou margarina

2 cebolas pré-cozidas (ver tabela na página 45), picadas
125g/4oz/2 xícaras de pão ralado branco ou integral
5 ml/1 colher de chá de sálvia seca
Um pouco de água ou leite
Sal e pimenta preta moída na hora

Coloque a manteiga ou margarina em um prato de 1 litro/1¾ pt/4¼ xícara. Aqueça, descoberto, em Full por 1 minuto. Adicione as cebolas. Cozinhe, descoberto, em potência máxima por 3 minutos, mexendo a cada minuto. Misture a farinha de rosca e a sálvia e água ou leite suficiente para obter uma consistência quebradiça. Tempere a gosto. Use quando estiver frio.

Recheio de Aipo e Pesto

Rende 225–275 g/8–10 onças/1 1/3–1 2/3 xícaras

Para peixes e pássaros.

Prepare como o recheio de sálvia e cebola, mas substitua a cebola por 2 talos de aipo picados. Antes de temperar, adicione 10ml/2 colheres de chá de pesto verde.

Recheio de alho-poró e tomate

Rende 225–275 g/8–10 onças/1 1/3–1 2/3 xícaras

Para carnes e aves.

25 g/1 onça/2 colheres de sopa de manteiga ou margarina
2 alhos-porós, só a parte branca, cortados em rodelas bem finas
2 tomates escaldados, sem pele e picados
125g/4oz/2 xícaras de pão ralado branco fresco
Sal e pimenta preta moída na hora
Caldo de galinha, se necessário

Coloque a manteiga ou margarina em um prato de 1 litro/1¾ pt/4¼ xícara. Aqueça, descoberto, em Full por 1 minuto. Adicione o alho-poró. Cozinhe, descoberto, em potência máxima por 3 minutos, mexendo três vezes. Misture os tomates e o pão ralado e tempere a gosto. Amarre com papel, se necessário. Use quando estiver frio.

recheio de bacon

Rende 225–275 g/8–10 onças/1 1/3–1 2/3 xícaras

Para carnes, aves e peixes de sabor forte.

4 fatias (fatias) de bacon listrado, cortadas em pedaços pequenos
25 g/1 onça/2 colheres de sopa de manteiga, margarina ou banha

125g/4oz/2 xícaras de pão ralado branco fresco
5 ml/1 colher de chá de molho inglês
5 ml/1 colher de chá de mostarda cozida
2,5 ml/½ colher de chá de ervas secas misturadas
Sal e pimenta preta moída na hora
Leite, se necessário

Coloque o bacon em uma forma de 1 litro com a manteiga, a margarina ou a banha. Cozinhe, descoberto, em potência máxima por 2 minutos, mexendo uma vez. Misture o pão ralado, o molho inglês, a mostarda e as ervas e tempere a gosto. Misture com leite se necessário.

Recheio de bacon e damasco

Rende 225–275 g/8–10 onças/1 1/3–1 2/3 xícaras

Para pássaros e caça

Prepare como para o recheio de bacon, mas acrescente 6 metades de damasco bem lavadas e picadas grosseiramente com as ervas.

Recheado com cogumelos, limão e tomilho

Rende 225–275 g/8–10 onças/1 1/3–1 2/3 xícaras

Para aves.

25 g/1 onça/2 colheres de sopa de manteiga ou margarina
125g/4oz de cogumelos, fatiados
5 ml/1 colher de chá de casca de limão ralada finamente
2,5 ml/½ colher de chá de tomilho seco
1 dente de alho esmagado
125g/4oz/2 xícaras de pão ralado branco fresco
Sal e pimenta preta moída na hora
Leite, se necessário

Coloque a manteiga ou margarina em um prato de 1 litro/1¾ pt/4¼ xícara. Aqueça, descoberto, em Full por 1 minuto. Adicione os cogumelos. Cozinhe, descoberto, em potência máxima por 3 minutos, mexendo duas vezes. Misture a casca de limão, o tomilho, o alho e o pão ralado e tempere a gosto. Amarre com leite somente se o recheio permanecer seco. Use quando estiver frio.

Recheado com cogumelos e alho-poró

Rende 225–275 g/8–10 onças/1 1/3–1 2/3 xícaras

Para aves, legumes e peixes.

25 g/1 onça/2 colheres de sopa de manteiga ou margarina
1 alho-poró, só a parte branca, cortado em fatias bem finas

125g/4oz de cogumelos, fatiados
125g/4oz/2 xícaras de pão ralado de trigo integral fresco
30 ml/2 colheres de sopa de salsa picada
Sal e pimenta preta moída na hora
Leite, se necessário

Coloque a manteiga ou margarina em um prato de 1,25 litros/2¼ pt/5½ xícara. Aqueça, descoberto, em Full por 1 minuto. Adicione o alho-poró. Cozinhe, descoberto, em potência máxima por 2 minutos, mexendo uma vez. Misture os cogumelos. Cozinhe, descoberto, em potência máxima por 2 minutos, mexendo duas vezes. Misture o pão ralado e a salsa e tempere a gosto. Amarre com leite somente se o recheio permanecer seco. Use quando estiver frio.

Recheio de Presunto e Abacaxi

Rende 225–275 g/8–10 onças/11/3–12/3 xícaras

Para aves.

25 g/1 onça/2 colheres de sopa de manteiga ou margarina

1 cebola picada

1 rodela de abacaxi fresco, sem pele e carne picada

3 onças/75 g/¾ xícara de presunto cozido, picado

125g/4oz/2 xícaras de pão ralado branco fresco

Sal e pimenta preta moída na hora

Coloque a manteiga ou margarina em um prato de 1 litro/1¾ pt/4¼ xícara. Aqueça, descoberto, em Full por 1 minuto. Adicione a cebola. Cozinhe, descoberto, em potência máxima por 2 minutos, mexendo uma vez. Misture o abacaxi e o presunto. Cozinhe, descoberto, em potência máxima por 2 minutos, mexendo duas vezes. Passe o garfo pela farinha de rosca e tempere a gosto. Use quando estiver frio.

Recheio de Cogumelos Asiáticos e Caju

Rende 225–275 g/8–10 onças/1 1/3–1 2/3 xícaras

Para pássaros e peixes.

25 g/1 onça/2 colheres de sopa de manteiga ou margarina

6 cebolinhas (cebolinha), picadas
125g/4oz de cogumelos, fatiados
125g/4oz/2 xícaras de pão ralado de trigo integral fresco
45 ml/3 colheres de sopa de castanha de caju torrada
30 ml/2 colheres de sopa de folhas de coentro
Sal e pimenta preta moída na hora
Molho de soja, se necessário

Coloque a manteiga ou margarina em um prato de 1,25 litros/2¼ pt/5½ xícara. Aqueça, descoberto, em Full por 1 minuto. Adicione as cebolas. Cozinhe, descoberto, em potência máxima por 2 minutos, mexendo uma vez. Misture os cogumelos. Cozinhe, descoberto, em potência máxima por 2 minutos, mexendo duas vezes. Misture o pão ralado, as castanhas de caju e o coentro e tempere a gosto. Combine com molho de soja somente se o recheio permanecer seco. Use quando estiver frio.

Recheio de Presunto e Cenoura

Rende 225–275 g/8–10 onças/1 1/3–1 2/3 xícaras

Para aves, cordeiro e caça.

Prepare como o Recheio de Presunto e Abacaxi, mas substitua o abacaxi por 2 cenouras raladas.

Recheado com Presunto, Banana e Milho Doce

Rende 225–275 g/8–10 onças/1 1/3–1 2/3 xícaras

Para aves.

Prepare como o Recheio de Presunto e Abacaxi, mas substitua o abacaxi por 1 banana pequena, amassada grosseiramente. Adicione 30ml/2 colheres de sopa de milho doce (milho) à farinha de rosca.

recheio italiano

Rende 225–275 g/8–10 onças/1 1/3–1 2/3 xícaras

Para cordeiro, aves e peixes.

30 ml/2 colheres de sopa de azeite

1 dente de alho

1 talo de aipo picado

2 tomates escaldados, sem pele e picados grosseiramente

12 azeitonas pretas sem caroço (sem caroço), cortadas ao meio

10 ml/2 colheres de chá de folhas de manjericão picadas

125 g/4 onças/2 xícaras de migalhas frescas feitas de pão italiano, como ciabatta

Sal e pimenta preta moída na hora

Coloque o azeite em um prato de 1 litro/1¾ pt/4¼ xícara. Aqueça, descoberto, em Full por 1 minuto. Adicione o alho e o aipo. Cozinhe, descoberto, em potência máxima por 2 minutos e meio, mexendo uma vez. Misture todos os ingredientes restantes. Use quando estiver frio.

Recheio Espanhol

Rende 225–275 g/8–10 onças/1 1/3–1 2/3 xícaras

Para peixes e pássaros fortes.

Prepare como no Recheio Italiano, mas substitua as azeitonas pretas sem caroço por azeitonas recheadas cortadas ao meio. Use pão ralado branco normal em vez de pão ralado italiano e adicione 30ml/2 colheres de sopa de amêndoas em flocos (fatiadas) e torradas.

Recheio de laranja e coentro

Rende 175 g/6 onças/1 xícara

Para carnes e aves.

25 g/1 onça/2 colheres de sopa de manteiga ou margarina
1 cebola pequena, finamente picada
125g/4oz/2 xícaras de pão ralado branco fresco
Casca bem ralada e suco de 1 laranja
45 ml/3 colheres de sopa de folhas de coentro picadas
Sal e pimenta preta moída na hora
Leite, se necessário

Coloque a manteiga ou margarina em um prato de 1 litro/1¾ pt/4¼ xícara. Aqueça, descoberto, em Full por 1 minuto. Adicione a cebola. Cozinhe, descoberto, em potência máxima por 3 minutos, mexendo uma vez. Misture as migalhas, a casca e o suco da laranja e o coentro e tempere a gosto. Amarre com leite somente se o recheio permanecer seco. Use quando estiver frio.

Recheio de limão e coentro

Rende 175 g/6 onças/1 xícara

para peixe

Prepare como o Recheio de Laranja e Coentro, mas substitua a laranja pelas raspas raladas e suco de 1 limão.

Recheio de laranja e damasco

Rende 275 g/10 onças/12/3 xícaras

Para deliciosas carnes e aves.

125g de damascos secos, lavados
chá preto quente
25 g/1 onça/2 colheres de sopa de manteiga ou margarina
1 cebola pequena picada
5 ml/1 colher de chá de casca de laranja ralada finamente
suco de 1 laranja
125g/4oz/2 xícaras de pão ralado branco fresco
Sal e pimenta preta moída na hora

Mergulhe os damascos em chá quente por pelo menos 2 horas. Escorra e corte em pedaços pequenos com uma tesoura. Coloque a manteiga ou margarina em um prato de 1,25 litros/2¼ pt/5½ xícara. Aqueça, descoberto, em Full por 1 minuto. Adicione a cebola. Cozinhe, descoberto, em potência máxima por 2 minutos, mexendo uma vez. Misture todos os ingredientes restantes, incluindo os damascos. Use quando estiver frio.

Recheio de maçã, passas e nozes

Rende 275 g/10 onças/12/3 xícaras

Para carne de porco, cordeiro, pato e ganso.

25 g/1 onça/2 colheres de sopa de manteiga ou margarina
1 comer maçã (para sobremesa), descascada, cortada em quartos, sem caroço e picada
1 cebola pequena picada
30 ml/2 colheres de sopa de passas
30 ml/2 colheres de sopa de nozes picadas
5 ml/1 colher de chá de açúcar de confeiteiro (superfino)
125g/4oz/2 xícaras de pão ralado branco fresco
Sal e pimenta preta moída na hora

Coloque a manteiga ou margarina em um prato de 1,25 litros/2¼ pt/5½ xícara. Aqueça, descoberto, em Full por 1 minuto. Adicione a maçã e a cebola. Cozinhe, descoberto, em potência máxima por 2 minutos, mexendo uma vez. Misture todos os ingredientes restantes. Use quando estiver frio.

Recheio de Maçã, Ameixa e Castanha do Pará

Rende 275 g/10 onças/12/3 xícaras

Para cordeiro e peru.

Prepare como o Recheio de Maçã, Passas e Nozes, mas substitua as passas por 8 ameixas picadas sem caroço (sem caroço) e as nozes por 30ml/2 colheres de sopa de castanhas do Pará em fatias finas.

Recheio de Maçã, Tâmara e Avelã

Rende 275 g/10 onças/12/3 xícaras

Para cordeiro e caça.

Prepare como Recheio de Maçã, Passas e Nozes, mas substitua as passas por 45 ml/3 colheres de sopa de tâmaras picadas e as nozes por 30 ml/2 colheres de sopa de avelãs torradas e picadas.

Recheado com alho, alecrim e limão

Rende 175 g/6 onças/1 xícara

Para cordeiro e porco.

25 g/1 onça/2 colheres de sopa de manteiga ou margarina
2 dentes de alho esmagados
Casca ralada de 1 limão pequeno
5 ml/1 colher de chá de alecrim seco triturado
15 ml/1 colher de sopa de salsa picada
125g/4oz/2 xícaras de pão ralado fresco branco ou integral
Sal e pimenta preta moída na hora
Leite ou vinho tinto seco, se necessário

Coloque a manteiga ou margarina em um prato de 1 litro/1¾ pt/4¼ xícara. Aqueça, descoberto, em Full por 1 minuto. Adicione o alho e a casca de limão. Aqueça, descoberto, em Full por 30 segundos. Misture e acrescente o alecrim, a salsa e o pão ralado. Tempere a gosto. Amarre com leite ou vinho somente se o recheio permanecer seco. Use quando estiver frio.

Recheado com alho, alecrim e limão com queijo parmesão

Rende 175 g/6 onças/1 xícara.

para carne bovina

Prepare como o Recheio de Alho, Alecrim e Limão, mas acrescente 45 ml/3 colheres de sopa de queijo parmesão ralado com a farinha de rosca.

Recheio de Frutos do Mar

Rende 275 g/10 onças/1 2/3 xícaras

Para peixes e vegetais.

25 g/1 onça/2 colheres de sopa de manteiga ou margarina
125 g/4 onças/1 xícara de camarões inteiros descascados (camarão)
5 ml/1 colher de chá de casca de limão ralada finamente
125g/4oz/2 xícaras de pão ralado branco fresco
1 ovo batido
Sal e pimenta preta moída na hora
Leite, se necessário

Coloque a manteiga ou margarina em um prato de 1 litro/1¾ pt/4¼ xícara. Aqueça, descoberto, em Full por 1 minuto. Adicione o camarão, a casca de limão, o pão ralado e o ovo e tempere a gosto. Amarre com leite somente se o recheio permanecer seco. Use quando estiver frio.

Recheado com Presunto de Parma

Rende 275 g/10 onças/1 2/3 xícaras

Para aves.

Prepare como para o recheio de frutos do mar, mas substitua o camarão por 75 g/3 onças/¾ xícara de presunto de Parma picado grosseiramente.

recheio de salsicha

Rende 275 g/10 onças/12/3 xícaras

Para aves e suínos.

25 g/1 onça/2 colheres de sopa de manteiga ou margarina
225 g/8 onças/1 xícara de carne de porco ou chouriço bovino
1 cebola pequena ralada
30 ml/2 colheres de sopa de salsa picada
2,5 ml/½ colher de chá de mostarda em pó
1 ovo batido

Coloque a manteiga ou margarina em um prato de 1 litro/1¾ pt/4¼ xícara. Aqueça, descoberto, em Full por 1 minuto. Misture a carne de linguiça e a cebola. Cozinhe, descoberto, em fogo alto por 4 minutos, mexendo a cada minuto para garantir que a carne da linguiça se quebre completamente. Misture todos os ingredientes restantes. Use quando estiver frio.

Recheio de Carne de Salsicha e Fígado

Rende 275 g/10 onças/12/3 xícaras

Para aves.

Prepare como para o recheio de salsicha, mas reduza a carne de salsicha para 175 g/6 onças/¾ xícara. Adicione 50g/2oz/½ xícara de fígado de frango picado grosseiramente à carne da linguiça e à cebola.

Recheio de Chouriço e Milho Doce

Rende 275 g/10 onças/12/3 xícaras

Para aves.

Prepare como para o recheio de salsicha, mas adicione 30–45 ml/2–3 colheres de sopa de milho doce cozido no final do tempo de cozimento.

Recheio de Chouriço e Laranja

Rende 275 g/10 onças/12/3 xícaras

Para aves.

Prepare como para o recheio de salsicha, mas adicione 5–10 ml/1–2 colher de chá de casca de laranja ralada finamente no final do tempo de cozimento

Castanhas Recheadas com Ovo

Rende 350 g/12 onças/2 xícaras

Para aves.

125 g/4 onças/1 xícara de castanhas secas, embebidas durante a noite em água e depois escorridas

25 g/1 onça/2 colheres de sopa de manteiga ou margarina

1 cebola pequena ralada

1,5 ml/¼ colher de chá de noz-moscada moída

125g/4oz/2 xícaras de pão ralado de trigo integral fresco

5 ml/1 colher de chá de sal

1 ovo grande, batido

15 ml/1 colher de sopa de creme de leite (pesado)

Coloque as castanhas em uma panela de 1,25 litros/2¼ pt/5½ xícara (forno holandês) e cubra com água fervente. Deixe descansar por 5 minutos. Cubra com filme plástico e corte duas vezes para permitir a saída do vapor. Cozinhe em potência máxima por 30 minutos até que as castanhas estejam macias. Escorra e deixe esfriar. Quebre em pedaços pequenos. Coloque a manteiga ou margarina em um prato de 1,25 litros/2¼ pt/5½ xícara. Aqueça, descoberto, em Full por 1 minuto. Adicione a cebola. Cozinhe, descoberto, em potência máxima por 2 minutos, mexendo uma vez. Misture as castanhas, a noz-moscada, o pão ralado, o sal e o ovo. Combine com o creme. Use quando estiver frio.

Recheio de castanha e mirtilo

Rende 350 g/12 onças/2 xícaras

Para aves.

Prepare como o recheio de ovo de castanha, mas em vez de ovo, misture o recheio com 30–45 ml/2–3 colheres de sopa de molho de cranberry. Adicione um pouco de creme se o recheio permanecer seco.

Recheio Cremoso De Castanha

Rende 900 g/2 lb/5 xícaras

Para pássaros e peixes.

50g/2oz/¼ xícara de manteiga, margarina ou bacon
1 cebola ralada
500 g/1 lb 2 onças/2¼ xícaras de purê de castanhas em lata sem açúcar
225g/8oz/4 xícaras de pão ralado branco fresco
Sal e pimenta preta moída na hora
2 ovos batidos
Leite, se necessário

Coloque a manteiga, a margarina ou o requeijão em um prato de 1¾ litro/3 pt/7½ xícara. Aqueça, descoberto, em potência máxima por 1 minuto e meio. Adicione a cebola. Cozinhe, descoberto, em potência máxima por 2 minutos, mexendo uma vez. Misture bem o purê de castanhas, o pão ralado, o sal e a pimenta a gosto e os ovos. Amarre com leite somente se o recheio permanecer seco. Use quando estiver frio.

Recheio Cremoso de Castanha e Salsicha

Rende 900 g/2 lb/5 xícaras

Para pássaros e caça.

Prepare como para o recheio cremoso de castanhas, mas substitua metade do purê de castanhas por 250g de linguiça generosa.

Recheio Cremoso de Castanhas com Castanhas Inteiras

Rende 900 g/2 lb/5 xícaras

Para aves.

Prepare como o Recheio Cremoso de Castanhas, mas junte 12 castanhas cozidas e picadas com o pão ralado.

Recheado com Castanhas com Salsa e Tomilho

Rende 675 g/1½ lb/4 xícaras

Para peru e frango.

15 ml/1 colher de sopa de manteiga ou margarina
5 ml/1 colher de chá de óleo de girassol
1 cebola pequena, finamente picada
1 dente de alho esmagado
50 g/2 onças/1 xícara de mistura de recheio de salsa seca e tomilho
440 g/15½ onças/2 xícaras de purê de castanhas em lata sem açúcar
150 ml/¼ pt/2/3 xícara de água quente
Casca finamente ralada de 1 limão
1,5–2,5 ml/¼–½ colher de chá de sal

Coloque a manteiga ou margarina e o óleo em uma tigela de 1,25 litros/2¼ pt/5½ xícara. Aqueça, descoberto, em Full por 25 segundos. Adicione a cebola e o alho. Cozinhe, descoberto, em potência máxima por 3 minutos. Adicione a mistura de recheio seco e mexa bem. Cozinhe, descoberto, em potência máxima por 2 minutos, mexendo duas vezes. Retire do microondas. Aos poucos, adicione o purê de castanhas alternando com a água quente até incorporar bem. Adicione raspas de limão e sal a gosto. Use quando estiver frio.

Recheio de Castanha com Gammão

Rende 675 g/1½ lb/4 xícaras

Para peru e frango.

Prepare como Recheio de Castanha com Salsa e Tomilho, mas adicione 75 g de presunto picado com casca de limão e sal.

Recheio de Fígado de Frango

Rende 350 g/12 onças/2 xícaras

Para pássaros e caça.

125 g/4 onças/2/3 xícara de fígado de galinha
25 g/1 onça/2 colheres de sopa de manteiga ou margarina
1 cebola ralada
30 ml/2 colheres de sopa de salsa picada
1,5 ml/¼ colher de chá de pimenta da Jamaica moída
125g/4oz/2 xícaras de pão ralado fresco branco ou integral
Sal e pimenta preta moída na hora
Caldo de galinha, se necessário

Lave os fígados e seque em papel de cozinha. Cortar em pedaços pequenos. Coloque a manteiga ou margarina em um prato de 1,25 litros/2¼ pt/5½ xícara. Aqueça, descoberto, em Full por 1 minuto. Adicione a cebola. Cozinhe, descoberto, em potência máxima por 2 minutos, mexendo uma vez. Adicione os fígados. Cozinhe, descoberto, em Descongelar por 3 minutos, mexendo 3 vezes. Misture a salsa, a pimenta da Jamaica e o pão ralado e tempere a gosto. Adicione um pouco de caldo somente se o recheio permanecer seco. Use quando estiver frio.

Recheio de Fígado de Frango com Nozes e Laranja

Rende 350 g/12 onças/2 xícaras

Para pássaros e caça.

Prepare como para o recheio de fígado de frango, mas adicione 30 ml/2 colheres de sopa de nozes quebradas e 5 ml/1 colher de chá de casca de laranja ralada finamente com a farinha de rosca.

Recheio Triplo de Nozes

Rende 350 g/12 onças/2 xícaras

Para aves e carnes.

15 ml/1 colher de sopa de óleo de gergelim
1 dente de alho esmagado
125 g/4 onças/2/3 xícara de avelãs finamente moídas
125 g/4 onças/2/3 xícara de nozes finamente moídas
125 g/4 onças/2/3 xícara de amêndoas finamente moídas
Sal e pimenta preta moída na hora
1 ovo batido

Despeje o óleo em um prato bem grande. Aqueça, descoberto, em Full por 1 minuto. Adicione o alho. Cozinhe, descoberto, em potência máxima por 1 minuto. Adicione todas as nozes e tempere a gosto. Combine com o ovo. Use quando estiver frio.

Recheio de Batata e Fígado de Peru

Rende 675 g/1½ lb/4 xícaras

Para aves.

450g/1lb de batata farinhenta
25 g/1 onça/2 colheres de sopa de manteiga ou margarina
1 cebola picada
2 fatias (rasas) de bacon picadas
5 ml/1 colher de chá de ervas secas misturadas
45 ml/3 colheres de sopa de salsa picada
2,5 ml/½ colher de chá de canela em pó
2,5 ml/½ colher de chá de gengibre em pó
1 ovo batido
Sal e pimenta preta moída na hora

Cozinhe as batatas conforme indicado para o creme de batatas, mas usando apenas 60 ml/4 colheres de sopa de água. Escorra e amasse. Coloque a manteiga ou margarina em um prato de 1,25 litros/2¼ pt/5½ xícara. Aqueça, descoberto, em Full por 1 minuto. Adicione a cebola e o bacon. Cozinhe, descoberto, em potência máxima por 3 minutos, mexendo duas vezes. Misture todos os ingredientes restantes, incluindo batatas, tempere a gosto. Use quando estiver frio.

Arroz Recheado Com Ervas

Rende 450 g/1 lb/22/3 xícaras

Para aves.

125g/4oz/2/3 xícara de arroz de grão longo fácil de cozinhar
250 ml/8 fl oz/1 xícara de água fervente
2,5 ml/½ colher de chá de sal
25 g/1 onça/2 colheres de sopa de manteiga ou margarina
1 cebola pequena ralada
5 ml/1 colher de chá de salsa picada
5 ml/1 colher de chá de folhas de coentro
5 ml/1 colher de chá de sálvia
5 ml/1 colher de chá de folhas de manjericão

Cozinhe o arroz com a água e o sal conforme indicado. Coloque a manteiga ou margarina em um prato de 1,25 litros/2¼ pt/5½ xícara. Aqueça, descoberto, em Full por 1 minuto. Adicione a cebola. Cozinhe, descoberto, em potência máxima por 1 minuto, mexendo uma vez. Misture arroz e ervas. Use quando estiver frio.

Arroz Espanhol Recheado Com Tomate

Rende 450 g/1 lb/2 2/3 xícaras

Para aves.

125g/4oz/2/3 xícara de arroz de grão longo fácil de cozinhar
250 ml/8 fl oz/1 xícara de água fervente
2,5 ml/½ colher de chá de sal
25 g/1 onça/2 colheres de sopa de manteiga ou margarina
1 cebola pequena ralada
30 ml/2 colheres de sopa de pimentão verde picado
1 tomate picado
30 ml/2 colheres de sopa de azeitonas recheadas picadas

Cozinhe o arroz com a água e o sal conforme indicado. Coloque a manteiga ou margarina em um prato de 1,25 litros/2¼ pt/5½ xícara. Aqueça, descoberto, em Full por 1 minuto. Adicione a cebola, o pimentão verde, o tomate e as azeitonas. Cozinhe, descoberto, em potência máxima por 2 minutos, mexendo uma vez. Misture com o arroz. Use quando estiver frio.

Recheio de Arroz com Frutas

Rende 450 g/1 lb/2 2/3 xícaras

Para aves.

125g/4oz/2/3 xícara de arroz de grão longo fácil de cozinhar
250 ml/8 fl oz/1 xícara de água fervente
2,5 ml/½ colher de chá de sal
25 g/1 onça/2 colheres de sopa de manteiga ou margarina
1 cebola pequena ralada
5 ml/1 colher de chá de salsa picada
6 metades de damasco seco, picadas
6 ameixas secas sem caroço (sem caroço), picadas
5 ml/1 colher de chá de clementina ralada finamente ou casca de satsuma

Cozinhe o arroz com a água e o sal conforme indicado. Coloque a manteiga ou margarina em um prato de 1,25 litros/2¼ pt/5½ xícara. Aqueça, descoberto, em Full por 1 minuto. Adicione a cebola, a salsa, os damascos, as ameixas e descasque. Cozinhe, descoberto, em potência máxima por 1 minuto, mexendo uma vez. Misture com o arroz. Use quando estiver frio.

Recheio de Arroz do Extremo Oriente

Rende 450 g/1 lb/22/3 xícaras

Para aves.

Prepare como o Arroz Recheado com Ervas, mas use apenas o coentro. Adicione à cebola 6 castanhas-d'água em lata fatiadas e 30ml/2 colheres de sopa de castanhas de caju torradas picadas grosseiramente.

Arroz Salgado Recheado Com Nozes

Rende 450 g/1 lb/22/3 xícaras

Para aves.

Prepare como o Arroz Recheado com Ervas, mas use apenas a salsinha. Adicione 30 ml/2 colheres de sopa de amêndoas em flocos (fatiadas) e torradas e 30 ml/2 colheres de sopa de amendoim salgado com a cebola.

Crocantes De Chocolate

16 atrás

*75 g/3 onças/2/3 xícara de manteiga ou margarina
30 ml/2 colheres de sopa de xarope dourado (milho claro), derretido
15 ml/1 colher de sopa de cacau (chocolate sem açúcar) em pó, peneirado
45 ml/3 colheres de sopa de açúcar de confeiteiro (superfino)
75 g/3 onças/1½ xícara de flocos de milho*

Derreta a manteiga ou margarina e a calda, descobertas, e descongele por 2 a 3 minutos. Adicione o cacau e o açúcar. Junte os flocos de milho com uma colher grande de metal, mexendo até ficar bem revestido. Distribua em forminhas de papel para bolo (forminhas de cupcake), coloque em uma tábua ou bandeja e leve à geladeira até firmar.

bolo do diabo

8 porções

O sonho de um processador de alimentos americano com um bolo, com textura leve e fofa e sabor profundo de chocolate.

100 g/4 onças/1 xícara de chocolate natural (meio amargo), quebrado em pedaços

225g/8oz/2 xícaras de farinha com fermento

25 g/1 onça/2 colheres de sopa de cacau (chocolate sem açúcar) em pó

1,5 ml/¼ colher de chá de bicarbonato de sódio (bicarbonato de sódio)

200g / 7oz / escassa 1 xícara de açúcar mascavo claro

150 g/5 onças/2/3 xícara de manteiga ou margarina amolecida, na temperatura de cozimento

5 ml/1 colher de chá de essência de baunilha (extrato)

2 ovos grandes, em temperatura de cozimento

120 ml/4 fl oz/½ xícara de leitelho ou 60 ml/4 colheres de sopa de leite desnatado e iogurte natural

Açúcar em pó (cobertura), para polvilhar

Cubra bem o fundo e as laterais de uma forma de suflê reta de 20 cm de diâmetro com filme plástico. Derreta o chocolate em uma tigela pequena e descongele por 3 a 4 minutos, mexendo duas vezes. Peneire a farinha, o cacau e o bicarbonato de sódio diretamente na tigela do processador de alimentos. Adicione o chocolate derretido a todos os ingredientes restantes e processe por cerca de 1 minuto ou até que os ingredientes estejam bem combinados e a mistura fique parecida com uma massa espessa. Despeje no prato preparado e cubra com papel de cozinha. Cozinhe em Full por 9–10 minutos, virando o prato duas vezes, até que o bolo suba até a borda do prato e a parte superior esteja coberta com pequenas bolhas quebradas e pareça bem seca. Se permanecer alguma mancha pegajosa, cozinhe em Full por mais 20 a 30 segundos. Deixe descansar no micro-ondas por cerca de 15 minutos (o bolo vai cair um pouco), depois retire e deixe esfriar até ficar morno. Retire com cuidado do prato que contém o filme plástico e transfira para uma gradinha para esfriar completamente. Retire a película aderente e polvilhe o topo com açúcar de confeiteiro peneirado antes de servir. Guarde em um recipiente hermético.

Bolo Moca

8 porções

Prepare como o Bolo Comida do Diabo, mas quando esfriar corte o bolo horizontalmente em três camadas. Bata 450 ml/¾ pt/2 xícaras de creme duplo (pesado) ou chantilly até engrossar. Adoce a gosto com um pouco de açúcar de confeiteiro peneirado e tempere fortemente com café preto frio. Use um pouco do creme para unir as camadas do bolo e, em seguida, espalhe o restante por cima e pelas laterais. Deixe esfriar um pouco antes de servir.

Bolo multicamadas

8 porções

Prepare como o Bolo Comida do Diabo, mas quando esfriar corte o bolo horizontalmente em três camadas. Sanduíche acompanhado de geléia de damasco, chantilly e chocolate ralado ou creme de chocolate.

Bolo De Cereja Floresta Negra

8 porções

Prepare como o Bolo Comida do Diabo, mas quando esfriar, corte o bolo horizontalmente em três camadas e umedeça cada uma com licor de cereja. Sanduíche acompanhado de geléia de cereja (compota) ou recheio de cereja. Bata 300 ml/½ pt/1¼ xícara de creme duplo (pesado) ou chantilly até engrossar. Espalhe por cima e nas laterais do bolo. Pressione uma barra de chocolate em flocos esmagada ou chocolate ralado contra as laterais e decore a parte superior com cerejas cristalizadas cortadas ao meio.

Bolo De Laranja E Chocolate

8 porções

Prepare como o Bolo Comida do Diabo, mas quando esfriar, corte o bolo horizontalmente em três camadas e umedeça cada uma com licor de laranja. Sanduíche acompanhado de marmelada de laranja cortada em tiras finas e uma rodela fina de maçapão (pasta de amêndoa). Bata 300 ml/½ pt/1¼ xícara de creme duplo (pesado) ou chantilly até engrossar. Pinte e adoce levemente com 10–15 ml/2–3 colheres de chá de melaço (melaço) e, em seguida, adicione 10 ml/2 colheres de chá de casca de laranja ralada. Espalhe por cima e nas laterais do bolo.

Bolo De Camada De Creme De Chocolate

Serve 8–10 porções

30 ml/2 colheres de sopa de cacau (chocolate sem açúcar) em pó
60 ml/4 colheres de sopa de água fervente
175 g/6 onças/¾ xícara de manteiga ou margarina, na temperatura de cozimento
175g/6oz/¾ xícara de açúcar mascavo claro
5 ml/1 colher de chá de essência de baunilha (extrato)
3 ovos, em temperatura de cozimento
175 g/6 onças/1½ xícara de farinha com fermento
15 ml / 1 colher de sopa de melaço (melaço)
Cobertura de creme de manteiga
Açúcar em pó (cobertura), para polvilhar (opcional)

Cubra o fundo e as laterais de uma forma de suflê de 18 x 9cm/7 x 3½ de diâmetro com filme plástico (filme plástico), deixando-a pendurada levemente na borda. Misture delicadamente o cacau com a água fervente. Bata a manteiga ou margarina, o açúcar e a essência de baunilha até obter um creme claro e fofo. Junte os ovos, um de cada vez, acrescentando 15ml/1 colher de sopa de farinha a cada um. Junte a farinha restante com o melaço preto até ficar homogêneo. Espalhe delicadamente no prato preparado e cubra frouxamente com papel de cozinha. Cozinhe em potência máxima por 6–6½ minutos até que o bolo cresça bem e não pareça mais molhado por cima. Não cozinhe demais ou o bolo encolherá e endurecerá. Deixe descansar por 5 minutos, depois retire o bolo do prato segurando o filme plástico (filme plástico) e transfira para uma gradinha. Remova com cuidado a embalagem e deixe esfriar. Corte o bolo horizontalmente em três camadas e uniformize-o junto com a cobertura (glacê). Polvilhe o topo com açúcar de confeiteiro peneirado antes de cortar, se desejar.

Bolo Mocha De Chocolate

Serve 8–10 porções

Prepare como o Bolo de Camadas de Creme de Chocolate, mas tempere a cobertura de creme de manteiga com 15ml/1 colher de sopa de café preto bem forte. Para um sabor mais intenso, adicione 5 ml/1 colher de chá de café moído ao líquido do café.

Bolo De Laranja E Chocolate

Serve 8–10 porções

Prepare como para o Bolo de Camadas de Creme de Chocolate, mas adicione 10ml/2 colheres de chá de casca de laranja ralada finamente aos ingredientes do bolo.

Bolo Duplo De Chocolate

Serve 8–10 porções

Prepare como para o bolo de camadas de creme de manteiga de chocolate, mas adicione 100g / 4 onças / 1 xícara de chocolate normal (meio amargo) derretido e resfriado à cobertura de creme de manteiga (cobertura). Deixe firmar antes de usar.

Bolo de chantilly e nozes

Serve 8–10 porções

1 Bolo De Camada De Creme De Chocolate
300 ml/½ pt/1¼ xícara de creme duplo (pesado)
150 ml/¼ pt/2/3 xícara de chantilly
45 ml/3 colheres de sopa de açúcar de confeiteiro peneirado
Qualquer essência aromatizante (extrato), como baunilha, rosa, café, limão, laranja, amêndoa, ratafia

Nozes, raspas de chocolate, drageias prateadas, pétalas de flores cristalizadas ou frutas cristalizadas (cristalizadas), para decorar

Corte o bolo horizontalmente em três camadas. Bata os cremes até engrossar. Junte o açúcar de confeiteiro e tempere a gosto. Combine as camadas do bolo com o creme e decore a parte superior como desejar.

bolo de Natal

Serve 8–10 porções

1 Bolo De Camada De Creme De Chocolate
45 ml/3 colheres de sopa de geléia de framboesa sem sementes (em conserva)
Maçapão (pasta de amêndoa)
300 ml/½ pt/1¼ xícara de creme duplo (pesado)
150 ml/¼ pt/2/3 xícara de chantilly
60 ml/4 colheres de sopa de açúcar de confeiteiro (superfino)

Cerejas glaceadas (cristalizadas) e raminhos comestíveis de azevinho, para decorar

Corte o bolo em três camadas e faça um sanduíche junto com a geléia coberto com rodelas finas de maçapão. Bata as natas e o açúcar de confeiteiro até engrossar e use para cobrir a parte superior e as laterais do bolo. Decore o topo com cerejas e azevinho.

brownies americanos

12 atrás

50 g/2 onças/½ xícara de chocolate natural (meio amargo), quebrado em pedaços
75 g/3 onças/2/3 xícara de manteiga ou margarina
175g/6oz/¾ xícara de açúcar mascavo claro

2 ovos, em temperatura de cozimento, batidos
150g/5oz/1¼ xícara de farinha simples (para todos os fins)
1,5 ml/¼ colher de chá de fermento em pó
5 ml/1 colher de chá de essência de baunilha (extrato)
30 ml/2 colheres de sopa de leite frio
Açúcar em pó (cobertura), para polvilhar

Unte com manteiga e uma base de 25 x 16 3 5 cm/10 x 6½ 3 2. Derreta o chocolate e a manteiga ou margarina em fogo alto por 2 minutos, mexendo até ficar bem misturado. Bata o açúcar e os ovos até ficar bem combinado. Peneire a farinha e o fermento e misture levemente na mistura de chocolate com a essência de baunilha e o leite. Espalhe uniformemente no prato preparado e cubra com papel de cozinha. Cozinhe em potência máxima por 7 minutos até que o bolo cresça bem e a parte superior fique pontilhada com pequenos orifícios de ar quebrados. Deixe esfriar no prato por 10 minutos. Corte em quadradinhos, polvilhe o topo com uma camada bem grossa de açúcar de confeiteiro e deixe esfriar completamente sobre uma gradinha. Guarde em um recipiente hermético.

Brownies de chocolate com nozes

12 atrás

Prepare como os Brownies Americanos, mas adicione 90 ml/6 colheres de sopa de nozes picadas grosseiramente com o açúcar. Cozinhe por mais 1 minuto.

Triângulos de aveia e caramelo

8 atrás

125 g/4 onças/½ xícara de manteiga ou margarina
50 g/2 onças/3 colheres de sopa de xarope dourado (milho claro)
25 ml / 1½ colher de sopa de melaço (melaço)
100g/4oz/½ xícara de açúcar mascavo claro
225g/8oz/2 xícaras de mingau de aveia

Unte bem um prato fundo de 20cm/8cm de diâmetro. Derreta a manteiga, a calda, o melaço e o açúcar, descobertos, e descongele por 5 minutos. Adicione a aveia e espalhe a mistura no prato. Cozinhe, descoberto, em potência máxima por 4 minutos, virando o prato uma vez. Deixe descansar por 3 minutos. Cozinhe por mais 1½ minuto. Deixe esfriar até aquecer e depois corte em oito triângulos. Retire do prato quando esfriar e guarde em um recipiente hermético.

Triângulos de muesli

8 atrás

Prepare como os Triângulos de Caramelo de Aveia, mas substitua o mingau por muesli sem açúcar.

rainhas de chocolate

12 atrás

125 g/4 onças/1 xícara de farinha com fermento
30 ml/2 colheres de sopa de cacau (chocolate sem açúcar) em pó
50 g/2 onças/¼ xícara de manteiga ou margarina, na temperatura de cozimento
50g/2oz/¼ xícara de açúcar mascavo claro e macio
1 ovo
5 ml/1 colher de chá de essência de baunilha (extrato)
30 ml/2 colheres de sopa de leite frio
Açúcar em pó ou pasta de chocolate para decorar (opcional)

Peneire a farinha e o cacau. Em uma tigela separada, bata a manteiga ou margarina e o açúcar até obter um creme claro e fofo. Bata o ovo e a essência de baunilha. Adicione a mistura de farinha alternadamente com o leite, mexendo vigorosamente com um garfo sem bater. Divida entre 12 forminhas de papel para bolo (papel para cupcake). Coloque seis de cada vez no prato giratório de vidro ou plástico, cubra frouxamente com papel de cozinha e cozinhe em Full por 2 minutos. Deixe esfriar sobre uma gradinha. Polvilhe com açúcar de confeiteiro peneirado ou cubra com pasta de chocolate, se desejar. Guarde em um recipiente hermético.

Queenies de chocolate em flocos

12 atrás

Prepare como para o Chocolate Queenies, mas amasse uma pequena barra de flocos de chocolate e misture delicadamente na mistura para bolo após adicionar o ovo e o extrato de baunilha.

Bolo de farelo de café da manhã e abacaxi

Rende cerca de 12 peças

Um bolo bastante denso e um saudável lanche de café da manhã servido com iogurte e uma bebida.
100 g/3½ onças/1 xícara de cereal All Bran
50g/2oz/¼ xícara de açúcar mascavo claro
175g/6oz de abacaxi esmagado em lata
20 ml/4 colheres de chá de mel grosso
1 ovo batido
300 ml/½ pt/1¼ xícara de leite desnatado
150 g/5 onças/1¼ xícara de farinha de trigo integral com fermento

Cubra bem o fundo e as laterais de uma forma de suflê de 18cm de diâmetro com filme plástico (filme plástico), deixando-o pendurado levemente na borda. Coloque o cereal, o açúcar, o abacaxi e o mel numa tigela. Cubra com um prato e aqueça em Defrost por 5 minutos. Misture os demais ingredientes, mexendo vigorosamente sem bater. Transfira para o prato preparado. Cubra frouxamente com papel de cozinha e deixe cozinhar em Descongelar durante 20 minutos, virando o prato quatro vezes. Deixe esfriar para aquecer e depois transfira para uma gradinha segurando o filme plástico. Quando esfriar completamente, guarde em um recipiente hermético por 1 dia antes de cortar.

Bolo De Biscoito Crocante De Chocolate Com Frutas

Serve 10–12 porções

200 g/7 onças/escasso 1 xícara de chocolate natural (meio amargo), quebrado em quadrados

8 onças/225 g/1 xícara de manteiga sem sal (doce) (não margarina)

2 ovos grandes, em temperatura de cozimento, batidos

5 ml/1 colher de chá de essência de baunilha (extrato)

3 onças/75 g/¾ xícara de nozes mistas picadas grosseiramente

75 g/3 onças/¾ xícara de abacaxi ou mamão cristalizado picado

75 g/3 onças/¾ xícara de gengibre cristalizado picado

25 ml/1½ colher de sopa de açúcar de confeiteiro peneirado

15 ml/1 colher de sopa de licor de frutas, como Grand Marnier ou Cointreau

8 onças/225 g de biscoitos doces simples (biscoitos), como biscoitos, cada um quebrado em 8 pedaços

Cubra bem o fundo e as laterais de um prato de 20 cm de diâmetro ou forma de sanduíche de bolo (bandeja) com filme plástico (filme plástico). Derreta os pedaços de chocolate em uma tigela grande, descoberta, e descongele por 4 a 5 minutos até ficar bem homogêneo, mas ainda mantendo a forma original. Corte a manteiga em cubos grandes e derreta, descoberta, no descongelamento por 2 a 3 minutos. Misture bem o chocolate derretido com os ovos e a essência de baunilha. Misture todos os ingredientes restantes. Quando bem misturado, espalhe na forma preparada e cubra com papel alumínio ou filme plástico (filme plástico). Deixe esfriar por 24 horas e, em seguida, levante e remova cuidadosamente a película aderente. Corte em pedaços para servir. Mantenha refrigerado entre as porções enquanto o bolo amolece em temperatura ambiente.

Mocha crocante e bolo de frutas

Serve 10–12 porções

Prepare como o pão estaladiço de chocolate com frutas, mas derreta 20 ml/4 colheres de chá de café solúvel em pó ou granulado com o chocolate e substitua o licor de frutas por licor de café.

Bolo crocante de passas e rum frutado

Serve 10–12 porções

Prepare como o bolo crocante de chocolate e frutas, mas substitua as frutas cristalizadas por 100 g de passas e o licor por rum escuro.

Bolo crocante de uísque com frutas e laranja

Serve 10–12 porções

Prepare como o Bolo Crocante de Biscoito de Chocolate e Frutas, mas misture a casca bem ralada de 1 laranja com o chocolate e a manteiga e substitua o licor por whisky.

Bolo crocante de chocolate branco com frutas

Serve 10–12 porções

Prepare como o Bolo Crocante de Biscoito de Chocolate e Frutas, mas substitua o chocolate branco pelo amargo.

Cheesecake de damasco e framboesa de duas camadas

Serve 12 porções

Para a base:

100 g/3½ onças/½ xícara de manteiga
225 g/8 onças/2 xícaras de migalhas de biscoito digestivo de chocolate (biscoito Graham)
5 ml/1 colher de chá de especiarias misturadas (torta de maçã)

Para a camada de damasco:

60 ml/4 colheres de sopa de água fria
30 ml/2 colheres de sopa de gelatina em pó
500 g/1 lb 2 onças/2¼ xícaras de queijo cottage (queijo cottage suave)
250 g/9 onças/1¼ xícara de queijo fresco ou queijo cottage
60 ml/4 colheres de sopa de geléia de damasco (conserva)
75 g/3 onças/2/3 xícara de açúcar de confeiteiro (superfino)
3 ovos, separados
Uma pitada de sal

Para a camada de framboesa:

45 ml/3 colheres de sopa de água fria
15 ml/1 colher de sopa de gelatina em pó
225g/8oz de framboesas frescas, esmagadas e peneiradas (filtradas)
30 ml/2 colheres de sopa de açúcar de confeiteiro (superfino)
150 ml/¼ pt/2/3 xícara de creme duplo (pesado)

Para decoração:

Framboesas frescas, morangos e fios de groselhas

Para fazer a crosta, derreta a manteiga, descoberta, e descongele por 3–3½ minutos. Adicione migalhas de biscoito e mistura de especiarias. Espalhe uniformemente sobre o fundo de uma forma de bolo de 25cm/10 de diâmetro. Refrigere por 30 minutos até ficar firme.

Para fazer a camada de damasco, coloque a água e a gelatina em um recipiente e mexa bem para misturar. Deixe descansar por 5 minutos até ficar macio. Derreta, descoberto, e descongele por 2½–3 minutos. Coloque no processador de alimentos o requeijão, o requeijão ou o requeijão, a geléia, o açúcar e as gemas e ligue a máquina até que os ingredientes estejam bem misturados. Raspe para uma tigela grande, cubra com um prato e leve à geladeira até começar a engrossar e firmar nas bordas. Bata as claras e o sal até ficarem firmes. Bata um terço na mistura de queijo e envolva o restante com uma colher de metal ou espátula. Espalhe uniformemente sobre a base do biscoito. Cubra frouxamente com papel de cozinha e leve à geladeira por pelo menos 1 hora até ficar firme.

Para fazer a camada de framboesa, coloque a água e a gelatina em um recipiente e mexa bem para misturar. Deixe descansar por 5 minutos até ficar macio. Derreta, descoberto, e descongele por 1½–2 minutos. Combine com o purê de framboesa e o açúcar. Cubra com papel alumínio ou filme plástico e leve à geladeira até começar a engrossar e firmar nas bordas. Bata o creme até engrossar suavemente. Bata um terço na mistura de frutas e envolva o restante com uma colher de metal ou espátula. Espalhe uniformemente sobre a mistura de cheesecake. Cubra frouxamente e leve à geladeira por várias horas até ficar firme. Para servir, passe uma faca umedecida em água quente na borda interna para soltar o cheesecake. Solte a lata e remova a lateral. Decore o topo com frutas. Corte em porções com uma faca umedecida em água quente.

Cheesecake De Manteiga De Amendoim

Serve 10 porções

Para a base:

100 g/3½ onças/½ xícara de manteiga

225g/8oz/2 xícaras de migalhas de biscoito de gengibre

Para cobertura:

90 ml/6 colheres de sopa de água fria

45 ml/3 colheres de sopa de gelatina em pó

750 g/1½ lb/3 xícaras de queijo cottage (queijo cottage macio)

4 ovos, separados

5 ml/1 colher de chá de essência de baunilha (extrato)

150g/5oz/2/3 xícara de açúcar de confeiteiro (superfino)

Uma pitada de sal

150 ml/¼ pt/2/3 xícara de creme duplo (pesado)

60 ml/4 colheres de sopa de manteiga de amendoim lisa, em temperatura de cozimento

Amendoim levemente salgado ou picado (opcional)

Para fazer a crosta, derreta a manteiga, descoberta, e descongele por 3–3½ minutos. Adicione migalhas de biscoito. Espalhe no fundo de uma forma de mola de 20 cm de diâmetro (frigideira) e leve à geladeira por 20 a 30 minutos até ficar firme.

Para fazer a cobertura, coloque a água e a gelatina em um recipiente e mexa bem para misturar. Deixe descansar por 5 minutos para amolecer. Derreta, descoberto, e descongele por 3–3½ minutos. Coloque no processador de alimentos com o queijo, as gemas, a essência de baunilha e o açúcar e ligue a máquina até ficar homogêneo.

Raspe em uma tigela grande. Bata as claras e o sal até ficarem firmes. Bata o creme até engrossar suavemente. Junte as claras e as natas alternadamente à mistura de queijo. Por fim, adicione a manteiga de amendoim. Espalhe uniformemente na forma preparada, tampe bem e leve à geladeira por pelo menos 12 horas. Para servir, passe uma faca umedecida em água quente na lateral para soltar. Solte a lata e remova as laterais. Decore com amendoim picado, se quiser. Corte em porções com uma faca umedecida em água quente.

Cheesecake de coalhada de limão

Serve 10 porções

Prepare como o cheesecake de manteiga de amendoim, mas substitua a manteiga de amendoim pela coalhada de limão.

Torta de chocolate

Serve 10 porções

Prepare como o cheesecake de manteiga de amendoim, mas substitua a manteiga de amendoim pela pasta de chocolate.

a uma prateleira que contém o filme transparente. Quando estiver frio, retire o filme transparente. Corte ao meio e faça um sanduíche junto com o creme e a geléia. Polvilhe o topo com açúcar de confeiteiro antes de servir.

www.ingramcontent.com/pod-product-compliance
Lightning Source LLC
Chambersburg PA
CBHW071833110526
44591CB00011B/1307